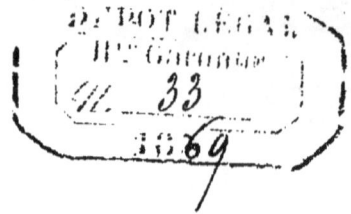

LE

SUFFRAGE UNIVERSEL

DANS LE

DÉPARTEMENT DE L'ARIÉGE

PAR

M. CYPRIEN de BELLISSEN

·—~∾∾✦∾∾~—·

PARIS

GARNIER FRÈRES, LIBRAIRES-ÉDITEURS

6, RUE DES SAINTS-PÈRES, ET PALAIS-ROYAL 215.

1869.

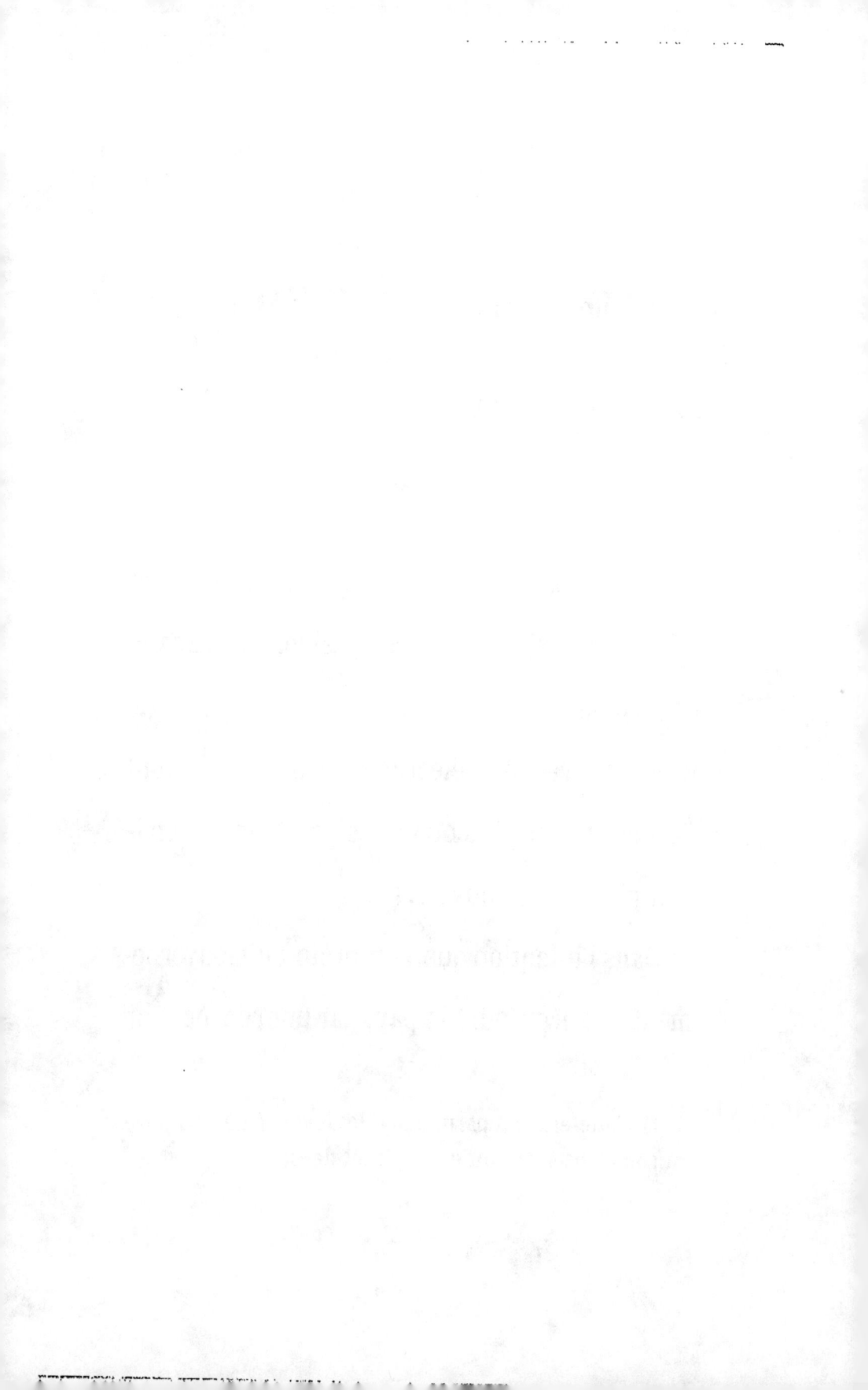

LE SUFFRAGE UNIVERSEL

DANS LE

DÉPARTEMENT DE L'ARIÉGE.

———

Les élections au Corps législatif des 16 et 17 mai 1868 doivent être considérées, dans le département de l'Ariége, comme une lutte préparatoire aux élections générales, dont l'échéance est plus ou moins prochaine selon le bon plaisir du Pouvoir. (*)

Dans l'intention que l'on prête au Gouvernement de surprendre le pays par une convocation

---

(*) Cette étude a paru dans le *Journal de Tou'ouse*, au commencement du mois d'août dernier.

avant terme des colléges électoraux, faudrait-il voir un grand désir de connaître les véritables sentiments de la France et de permettre aux électeurs de faire prévaloir leur choix ?

J'avoue que tel n'est pas mon sentiment, et j'ai tout lieu de croire que tel n'est pas non plus celui de l'opinion publique.

Dans le département de l'Ariége , nous devons plus que partout ailleurs veiller sur le suffrage universel.

Il est du devoir de tout ami des libertés publiques de s'efforcer d'éclairer les populations sur leurs véritables intérêts, de les rendre jalouses de l'exercice de leurs droits, de fortifier en elles le sentiment de dignité et d'indépendance en matière d'élections générales ou locales.

Tel est le but de cet écrit.

Il n'a été dicté par aucune autre pensée que celle d'être utile.

L'auteur n'hésite pas à le dire bien haut : il ne se glissera dans cette courte étude aucun sentiment d'amertume ; il a horreur du parti pris de critique ou d'éloge, et désire respecter les droits de l'autorité avec autant de scrupule qu'il apportera d'ardeur et de persévérance dans la revendication de la liberté et de la sincérité du suffrage universel.

Des candidatures officielles dans l'Ariége et de quelques-unes de leurs conséquences.

Les éléments indispensables du gouvernement représentatif sont d'un côté le pouvoir exécutif et de l'autre le contrôle du pouvoir exécutif par les mandataires du pays.

Selon que la Constitution est plus ou moins libérale, ce contrôle est plus ou moins efficace ; autrefois en France, indépendamment de ce droit, le Corps législatif avait une part d'initiative.

Est-il raisonnable que ce soit le justiciable qui désigne son juge ?

N'y a-t-il pas dans le fait seul de cette désignation un motif de suspicion légitime ?

Le député est-il le représentant du pouvoir
ou celui du pays ?

Dans ce dernier cas, pourquoi faire la leçon
un département en lui désignant celui qu'il
doit nommer ?

Si c'est un bon choix, les électeurs ne l'auraient-ils pas fait tout seuls ?

Sans doute il est plus que probable que les
Ariégeois n'auraient pas songé à aller chercher
à Nantes ou à Paris MM. Busson et Didier ;
mais en auraient-ils été plus malheureux ?

N'auraient-ils pas trouvé dans l'Ariége deux
individualités aussi distinguées ?

Doivent-ils une grande reconnaissance au

pouvoir qui est allé si obligeamment leur découvrir deux personnages aussi remarquables ?

Avaient-ils fait leurs preuves ?

Appartenaient-ils à la France entière par leur illustration, leurs talents, les grands services rendus ?

N'est-ce pas à l'Ariége qu'ils doivent leur notoriété ?

Pourquoi donc aller chercher si loin ces deux candidats exotiques ?

L'un était le gendre d'un ministre ; l'autre le frère d'un préfet.

Il faut reconnaitre que la candidature officielle fait souvent les affaires de certaines familles, si elle ne fait pas toujours les affaires de certains départements.

Si dans les candidatures officielles le gouvernement se bornait à faire surgir des hommes tels que MM. Busson et son collègue et à les proposer au libre suffrage, il n'y aurait encore que demi-mal.

Ces candidatures entraînent de plus funestes conséquences.

Il est certains candidats officiels qui jouissent personnellement de la sympathie des populations, mais les choix du Pouvoir en bien des circonstances sont moins heureux.

Ils doivent néanmoins prévaloir.

C'est alors que s'ouvre pour les Préfets une carrière au bout de laquelle se trouve sinon la gloire, du moins l'avancement.

Il s'agit de ce qui s'appelle, dans le langage courant des fonctionnaires eux-mêmes : faire une élection.

Faire une élection est l'objet des préoccupations préfectorales. Messieurs les Sous-Préfets y rêvent longtemps, perspective à la fois d'espérance et d'effroi ; car il faudra montrer qu'on a la *poigne électorale*.

C'est devenu en un mot ce que le chef-d'œuvre est pour l'ouvrier, l'escarmouche pour le capitaine, la bataille rangée pour le général.

L'élection *devient* l'affaire personnelle de l'administrateur qui voit la disgrâce au bout de l'échec ; d'où cette conséquence naturelle, que plus le candidat est antipathique, plus le Préfet usera de tout son pouvoir pour le faire

réussir ; plus il aura de mérite dans le triomphe, plus il sera classé parmi ces hommes
indispensables qui savent exécuter les arpèges
les plus difficiles sur la lyre du suffrage universel.

C'est alors un bien beau temps pour les sol-
liciteurs de toute nature.

Accourez dans le cabinet où le premier
magistrat du département tient tous les fils de
l'élection, vous qui désirez un chemin, un
poste télégraphique, une boîte aux lettres, un
bureau de tabac, etc..... Jamais les presbytères
n'ont attiré plus de sollicitude ;

Jamais les églises n'ont autant mérité les
subventions du gouvernement ;

La mairie, la maison d'école ne viendront

qu'après, on est assuré du Maire et de l'Instituteur et il faut s'attacher les curés, qui savent qu'ils ne sont pas encore fonctionnaires. Jamais Monsieur le Préfet n'aura de plus séduisants sourires, de plus encourageantes paroles.

L'électeur, qui est aussi un contribuable, entretient au profit du candidat officiel une armée de fonctionnaires qui marchent en colonne serrée à l'assaut du scrutin ou sont habilement éparpillés en tirailleurs.

Le premier des agents électoraux de l'administration est le maire.

Une élection devient le criterium de sa valeur au point de vue de la Préfecture, et plusieurs d'entre eux ont acquis à ce sujet une

certaine notoriété dans le martyrologe du suffrage universel.

On me dira sans aucun doute : Mais, quand
les anciens partis s'agitent, qu'ils usent de
tous leurs moyens pour faire triompher leurs
candidats , voulez-vous que l'administration
reste inactive ? Non certes ;

Il est du droit de l'administration d'user de
son influence pour éclairer les populations, et
de son devoir de s'attirer leur confiance et leur
sympathie.

Un candidat indépendant faisant part à un
préfet de sa résolution de se présenter au
libre suffrage des électeurs, reçut cette réponse : « Vous entrez dans la lutte à armes bien
inégales. »

Quelles étaient donc ces armes, et que signifiait ce langage ?.....

Le lendemain de l'élection, il était suffisamment édifié. Voici quelques fragments d'une lettre qu'il recevait d'un des principaux chefs-lieux de canton du département ; elle émanait d'un homme parfaitement honorable et justement considéré . . . .

. . . .

« . . . . A partir de ce moment, qu'a fait
» l'administration ? le voici : Ses agents sur
» les dents, par les courses de trois journées,
» ont été remis sur pied , et dans cette nuit ,
» sont allés de porte en porte, faisant lever
» les habitants, retirant les billets...

» J'appose mes distributeurs sur les trois

» principales routes qui conduisent à notre

» localité avec ordre de distribuer des bul-

» letins à tous les arrivants.... A peine nos

» agents sont-ils appostés que l'un d'eux ren-

» tre me disant qu'un gendarme vient de le

» menacer d'un procès-verbal s'il continue de

» distribuer.

» Je pars avec lui, sous les propres yeux

» du gendarme ; je me mets à distribuer moi-

» même, et, après lui avoir demandé raison

» de ce fait, je l'oblige à abandonner son poste

» où il ne reparut plus de la journée.

. . . . » Sur un autre point, le brigadier de

» gendarmerie cherche à intimider la personne

» qui patronnait la candidature d'A. . . . . .,

» je me joins à elle pour le rétorquer, et, en

» pleine rue, en présence peut-être de cent

» personnes, nous lui imposons silence.....

» — Sur un troisième point, presque devant

» la mairie, à deux reprises différentes et à

» une demi-heure d'intervalle, j'aperçois le

» commissaire de police *semonçant* un indi-

» vidu qui avait colporté des bulletins..... »

— Pourrait-on admettre comme légitimes les moyens suivants :

Substitution de billets dans l'urne ?

Vote pour les absents ?

Nombre de voix données à un candidat supérieur à celui des électeurs inscrits ?

Distribution de billets dans la salle du scrutin par les maires eux-mêmes ?

— Pourrait-on admettre des aphorismes

tels que celui-ci : « Ils peuvent avoir les suf-frages, nous avons les urnes ? »

Certes, il est dans l'Ariége des maires qui savent respecter et faire respecter la sincérité du suffrage universel. Mais, n'en trouverait-on pas qui, par ignorance, ou pour conserver cette écharpe si convoitée, si dis-putée, si aimée, doivent remporter à tout prix le succès électoral ? . . . . . , , ...

On raconte, dans le pays, qu'un candidat officiel visitant une commune, demanda au maire : Combien avez-vous d'électeurs ? . . . . . — Combien vous en faut-il ? . . . . répondit l'habile faiseur d'élections. . . . . , . . .

. . . .

Le maire est naturellement secondé par le garde champêtre, les gendarmes, etc., et aussi par l'instituteur. (1) Ces fonctionnaires de l'enseignement, qui devraient être laissés en dehors des luttes politiques, reçoivent des mots d'ordre sévères et sont contraints de déployer un grand zèle pour être bien notés.

J'ai été obligé de défendre un distributeur de mes bulletins devant le tribunal de simple police.

Il avait été littéralement mis à la porte de la localité par les injures et les menaces d'un instituteur, lequel pour faire connaître son zèle

(1) Nous n'avons pas voulu parler du rôle que l'Administration tend de plus en plus à faire jouer aux Juges de Paix. . . .

Et pourtant ! ! ! . . . . Le lecteur appréciera.

avait déposé une plainte contre le distributeur, qui se vit accusé d'avoir troublé la paix publique, d'avoir occasionné des attroupements, d'avoir dit des injures.

Il ne resta de cette accusation qu'un échange de mots peu parlementaires dont les plus injurieux avaient été prononcés par l'instituteur.

Quant aux autres griefs, il fut parfaitement établi qu'ils étaient non seulement imaginaires, mais ridicules.

L'attroupement était composé des deux interlocuteurs.

La paix publique n'avait pu être troublée, car deux femmes avaient seules entendu leur conversation.

Le ministère public lui-même se vit contraint de retirer l'accusation.

Mais le tour était joué ; et mes bulletins n'avaient pu être distribués dans la commune.

Les chefs d'administration exercent souvent une surveillance sévère, *et l'employé, père de famille, doit opter entre la libre manifestation de sa pensée et la chance de compromettre le pain de ses enfants.*

Dans la partie du département de l'Ariége soumise à la surveillance des agents forestiers, l'influence administrative est irrésistible.

J'ajouterai qu'elle est terrible.

Il est incontestable que l'humble paysan qui ne dépose pas dans l'urne le billet que vient de lui remettre le garde forestier, en même temps qu'il exerce son droit, accomplit un acte de courage.

J'ai vu, moi-même, dans les vallées de la Barguillère deux gardes forestiers dans la salle du scrutin, distribuant le bulletin et accompagnant du regard jusqu'à l'urne la main à laquelle ils venaient de le confier.

Je puis leur rendre ici témoignage du zèle qu'ils ont déployé, afin qu'il leur soit compté devant qui de droit.

J'allais oublier de signaler aux électeurs timides la finesse de tact de messieurs les maires qui reconnaissent en mettant le billet dans l'urne si le papier du bulletin est celui du candidat officiel.

En m'exprimant de la sorte, je ne prétends faire aucune révélation.

Je laisse à mes lecteurs le soin de reconnaître si ces pratiques si contraires à la liberté du suffrage universel ont ou non été mises en usage sous leurs yeux.

Il est bon que le Gouvernement qui a tout à gagner à ce que le sentiment du pays parvienne jusqu'à lui, sache à quels coupables excès de zèle peuvent se porter certains de ses agents.

En matière de suffrage universel, le véritable, le seul tribunal est celui de l'opinion publique.

Si les citoyens ne savaient pas combiner leurs efforts pour conquérir, en fait, l'entière indépendance de leurs suffrages que nos lois proclament, c'est à eux, avant tout, qu'ils devraient s'en prendre.

C'est sous la réprobation universelle que doivent tomber les coupables excès de zèle que je viens de signaler.

Nous avons esquissé à grands traits quel-
ques-unes des manœuvres administratives
qu'entraîne la candidature officielle. Nous
avons montré l'armée des fonctionnaires en-

trant en campagne et signalé ce que nous pour-
rions appeler la mise en état de siége du suffrage universel.

La candidature officielle déplace la question
électorale. Il ne s'agit plus du candidat des
électeurs, il s'efface devant le titre de candidat
du Gouvernement.

Le patronage du pouvoir se signale dès lors
par les plus paternelles sollicitudes. Le premier
magistrat du département est aux petits soins
de son candidat ; il le prend par la main et le
promène de ville en ville, de village en village,
le présentant partout à l'enthousiasme des populations : « Voilà l'homme de l'Empereur.
» Voilà l'ami de l'Empereur. Si vous ne voulez
» pas faire de la peine à l'Empereur, vous
» nommerez Monsieur un tel... »

Le département de l'Ariége n'a pas eu le temps d'oublier la fécondité de l'éloquence préfectorale énumérant les titres du candidat officiel tout malheureux d'écouter de pareils boniments.

Pour la majorité des électeurs, le candidat officiel c'est le Gouvernement.

En sorte que si, pour une raison ou pour une autre, un personnage répugnait à une circonscription et était rejeté par elle malgré l'attache officielle, cela signifierait qu'elle ne veut pas du Gouvernement ! ! !

Voilà comme l'on développe au détriment du Gouvernement lui-même l'esprit politique des populations ! ! !

Le lendemain de nos dernières élections j'entendais un électeur rendre compte du recensement des votes. Il disait naïvement : L'Empereur a eu tant de voix. (Il voulait dire M. Denat ; — M. Anglade en a eu tant); etc...

Est-il bon, est-il politique, dans un pays aussi profondément travaillé par l'esprit révolutionnaire, de mettre ainsi constamment en jeu le Chef de l'Etat ?... Ne devrait il pas être respectueusement tenu en dehors de la lutte électorale ?

Messieurs les Préfets sont à ce sujet les grands coupables ; et ils se sont évertués à donner à la multitude une aussi fausse

idée du Gouvernement représentatif. Ils ne re-
doutent pas d'entrer ostensiblement dans
l'arène électorale ; et, venant se mesurer avec
les candidats qui ne sont pas de leur goût,
ils les signalent aux populations comme les
ennemis de l'Empereur.

Vous réclamez un peu de modération dans
les dépenses publiques... Vous êtes un ennemi
de l'Empereur.

Vous pensez que quelques impôts sont lourds
et pèsent d'une manière fâcheuse sur le com-
merce et l'industrie... Vous êtes un ennemi de
l'Empereur.

Vous déclarez que, si vous êtes élu, vous vous
efforcerez de faire prévaloir les idées libérales,
que vous consacrerez vos efforts à contribuer à

l'amélioration du sort des classes laborieuses...
Vous êtes un ennemi de l'Empereur.

Lors des élections des 16 et 17 mai 1868,
les professions de foi des trois candidats non
patronés contenaient des vœux que pourraient
contre-signer les meilleurs amis de l'Empire et
qui serviront, un jour, je l'espère, de pro-
gramme au Gouvernement lui-même. Elles se
résumaient à peu près ainsi :

» Pas d'armements ruineux ;

» Amélioration du sort de tous et dégrève-
» ment des charges publiques ;

» Sauvegarde des intérêts moraux ;

» Revendication de toutes les libertés. »

L'un des candidats avait même proclamé
bien haut qu'il n'appartenait ni à l'opposition

systématique ni à l'approbation quand même.

Monsieur le préfet lance un manifeste et s'écrie:

« Voilà bien le langage des partis hostiles. »

A ce propos, je crois utile de citer les remarquables paroles de M. Ferry, dans l'*Electeur* ; elles développent très bien ma pensée :

« Vous savez tout ce que produit, tout ce
» que couvre, tout ce qu'excuse d'odieux ou
» de grotesque cette division des électeurs en
» deux camps ; les amis de l'Empire dans l'un,
» les ennemis de l'Empire et de l'Empereur
» dans l'autre. Dans un gouvernement régu-
» lier, sous une constitution qui n'interdit à
» aucune classe de citoyens l'entrée de la vie
» publique et qui, par surcroît de précau-
» tions, a établi la garantie du serment préa-

» lable, il n'y a légalement ni amis ni ennemis
» du gouvernement.

» Il ne devrait être permis à personne et
» moins à l'administration qu'à tout autre de
» transporter au milieu des luttes pacifiques
» du suffrage universel, les habitudes, les dé-
» nominations et les drapeaux de la guerre
» civile. Il ne devrait être permis à personne,
» et moins à l'administration qu'à tout autre
» d'éveiller par des qualifications violentes ,
» par des proclamations qui sentent la poudre,
» ces sentiments de discorde sociale que le lé-
» gislateur a voulu proscrire quand il a porté
» une peine contre tous ceux qui par paroles
» ou par écrits excitent les citoyens à la haine
» les uns des autres. »

Non-seulement les candidats désagréables à l'administration ont à lutter contre ses forces réunies, mais ils trouvent à chaque pas les insinuations les plus perfides.

Elles émanent d'adversaires invisibles.

Elles sont insaisissables, parce qu'elles revêtent mille couleurs et qu'elles rampent dans l'ombre ;

Elles sont irréfutables, parce qu'elles spéculent sur l'ignorance ;

Elles sont funestes, car elles attisent la méfiance entre les diverses classes des citoyens, entre les enfants d'une même patrie, entre les amis de la liberté.

Ces rumeurs absurdes on les retrouve dans tous les départements.

Chaque catégorie d'opinions a son cliché.

Partout il est fait appel aux passions les plus malsaines.

S'il s'agit de combattre un candidat appartenant à ce que l'on nomme l'opinion démocratique, on évoque les souvenirs de la Terreur.

L'échafaud se dresse tout sanglant devant les Electeurs.

C'est en un mot, le cliché appelé : Le spectre rouge.

Si le candidat que l'on veut combattre se rattache à une famille ancienne, s'il a une particule devant son nom, c'est alors la féodalité qui redresse la tête ; les immortels principes de 89 sont menacés ; bientôt l'on verrait reparaître la dîme et le droit du seigneur.

Paysans, prenez garde ; on vous ferait battre l'eau toutes les nuits afin d'imposer silence aux grenouilles !....

Cet épouvantail a été mis en usage à mon égard.

Ce n'est pas tout : dans certaines régions du département où les passions religieuses sont surexcitées par d'anciennes luttes entre protestants et catholiques, je sais, de source certaine, que j'ai été dépeint, aux catholiques, comme voulant le renversement des églises, et aux protestants comme voulant rétablir l'inquisition et les dragonnades.

Il ne valait pas la peine d'être désagréable à M. le Maire et de s'exposer aux rancunes du garde champêtre pour accorder son suffrage à un monstre pareil !! !!

L'ignorance sera pour longtemps encore, je le crains, le plus cruel ennemi du suffrage universel librement exprimé.

Les véritables amis du suffrage universel se sont tous préoccupés de cette importante question. Plusieurs avaient demandé qu'on privât de leurs droits politiques les électeurs ne sachant ni lire ni écrire, des amendements présentés à ce sujet au Corps législatif ont été repoussés.

C'est, peut-être, à bon droit, car cette exclusion aurait pu devenir une source d'abus.

Il y a dans notre département de vénérables

vieillards très intelligents, mais qui par suite du malheur des temps n'ont pu apprendre ni à lire ni à écrire. Il serait bien rigoureux de les éloigner du scrutin.

Et cependant, que peut-on attendre du suffrage de l'homme qui n'a pu contrôler par lui-même la véracité du bulletin qu'il déposera dans l'urne ? ...

Je me promenais dans la matinée du 17 mai dans un sentier de la jolie vallée de la Barguillère, vallée que j'ai habitée souvent, que j'aime et où j'espère compter quelques sympathies.

Je vois venir à moi un brave paysan ; il m'aborde d'un air joyeux et me montrant un billet qu'il tire de sa poche, me dit : *Moussu dé Bellissen, baou bouta per bous.*

M. de Bellissen, je vais voter pour vous ;

Voici mon billet.

Il tenait son bulletin ouvert,.. Je regarde...
C'était le bulletin d'un de mes concurrents.

Brave homme, dis-je à cet ami campagnard,
si tout le monde met à mon intention un de
ces billets dans l'urne, je risque fort de n'avoir
pas beaucoup de voix.

Il m'apprit alors qu'on lui avait demandé
pour qui il voulait voter, qu'il avait répondu :
« pour M. de Bellissen » et qu'on lui avait
remis ce bulletin en lui disant : gardez-le
soigneusement ; ne le montrez à personne ...
c'est celui que vous voulez . . . .

. . . .

D'après la statistique récemment publiée sur

l'instruction primaire le progrès de l'instruction s'accélère.

Il a été double dans la dernière période quinquennale de ce qu'il était dans la période de 1833 à 1853, la plus favorable au développement de l'enseignement primaire.

Voici le tableau comparatif indiquant le nombre des jeunes gens (sur 100) ne sachant ni lire ni écrire :

1833, 68, 46.   1853, 59, 75.

1863, 55, 39.   1868, 41, 04.

Dans le classement des départements, d'après leur degré d'instruction, nous voyons que l'Ariége qui occupait le 67e rang en 1863, n'occupe plus que le 80e en 1868.

Lorsque le candidat officiel a triomphé, (on a vu plus haut à l'aide de quels auxiliaires), le Préfet entonne l'hymne de la victoire et le Gouvernement ne voit plus dans le nouveau mandataire du pays qu'un obligé qui saura lui prouver sa reconnaissance.

Le député en a bientôt l'occasion car c'est à lui qu'il appartient de fournir au pouvoir exécutif et les hommes et l'argent.

Que les mères de famille, que les contribuables ne l'oublient pas !...

Dans les campagnes, les électeurs ne se rendent pas compte de la puissance que le suf-

frage universel a mise entre leurs mains. Ils
sont d'ordinaire d'une très grande indifférence
à l'égard des diverses candidatures. Ils s'imagi-
nent qu'il ne s'agit que d'une question de personnes. Peu leur importe que ce soit monsieur
un tel ou monsieur un tel qui touche l'indemnité du député !

Le paysan ne se doute pas que son bulletin
pèse autant dans l'urne que celui de M. Thiers,
de M. Rouher ou de M. Berryer. Il ne sait pas
qu'il doit et peut défendre ses plus précieux
intérêts et que le sort de la France entière est
dans ses mains.

Placé sous l'influence du Maire dont il a
sans cesse besoin, vivant dans la crainte du
procès-verbal, étranger à la marche générale

des affaires il dépose docilement dans l'urne le billet qui lui est remis par l'agent de l'autorité, ce qui ne l'expose à aucun désagrément.

Il n'est pas douteux que les campagnes sont pour une large part responsables de l'exagération de ces impôts, par l'appui qu'elles ont aveuglément donné aux candidats officiels.

S'il en eût été autrement, la malheureuse expédition du Mexique eût-elle été possible ?

Les charges publiques s'éléveraient-elles annuellement à plus de deux milliards ?

Si le Gouvernement retenu par des députés moins complaisants n'avait pu se laisser entraîner vers des mirages décevants, l'Empire n'en serait-il pas et plus fort et plus prospère ?

Le candidat devenu député par la grâce de l'Administration se persuade aisément que la reconnaissance l'oblige à donner son adhésion aveugle et absolue au dogme nouveau de l'infaillibilité gouvernementale.

Le Gouvernement a prouvé par des exemples éclatants qu'il n'entendait pas qu'il en fût autrement.

Celui qui n'est pas toujours et quand même de son avis est traité en ennemi implacable ; et la main qui a fait sortir du néant le député saura l'y faire rentrer au besoin.

Chaque session législative nous montre quelques candidats officiels ainsi laissés sur le carreau.

Que de noms viennent sous ma plume et des plus honorables !

MM. de Jouvenel , Keller, de Flavigny, Latour-du-Moulin, de Chazelles, Buffet , Pouyer-Quertier, Brame, etc., avaient-ils commis de grands crimes ?

Ils ont été combattus avec autant d'acharnement qu'on avait pu en mettre à les soutenir.

On ne s'appuie que sur ce qui résiste, avait dit Napoléon Ier.

Il ne sut pas mettre en pratique cette belle maxime, qui n'aurait pourtant pas été inutile à sa dynastie. Et nous ne sommes pas bien éloignés du temps ou sénateurs et députés, esclaves muets d'un despote de génie furent les premiers à proclamer sa déchéance lorsque le grand homme, instruit par le malheur, aurait voulu réconcilier en France la gloire et la liberté.

Napoléon III n'a pas attendu l'heure des désastres pour prendre l'initiative des mesures libérales.

L'Empereur a prononcé en pleine prospérité

ces mémorables paroles : « Mon Gouvernement manque de contrôle. »

Il a rendu au Corps législatif le droit de discuter les affaires du pays en rétablissant l'Adresse en réponse au discours du Trône. Il est vrai qu'il l'a retirée depuis, et en échange, plus tard, il a donné aux députés un droit restreint d'interpellation.

L'Empereur a voulu que le régime de l'arbitraire cessat en matière de presse. Il a proclamé la nécessité du droit de réunion.

Ne pouvons-nous pas concevoir des espérances au sujet de l'affranchissement du suffrage universel ?

Le prince qui a prononcé les paroles que nous venons de citer, comprendra l'isolement

dans lequel le laissent les candidatures gouvernementales telles qu'elles sont aujourd'hui
soutenues par les agents du pouvoir.

Il ne peut manquer d'abandonner un système
qui fausse le mécanisme représentatif et qui
l'empêche de connaître les véritables sentiments du pays ; il désirera tenir du libre suffrage les défenseurs de sa politique ; il voudra
partager davantage avec les élus de la nation
la responsabilité qu'impose le gouvernement
de la France, et sauvegarder ainsi l'intérêt iden-
tique du peuple et du chef de l'Etat.

Je ne puis croire que le souverain qui a su
devancer tant de fois les vœux de l'opinion publique, et tenu la main sur le cœur de la
France pour en compter les battements, veuille

les comprimer et résister aux conséquences logiques de ses premiers actes.

Les études de sa vie lui auront appris que l'on ne maîtrise pas à son gré les aspirations libérales. Il ne voudra pas transmettre à son fils le dangereux héritage du gouvernement personnel !

Sous tous les régimes qui se sont succédés dans notre pays, dans l'espace de moins d'un siècle, les gouvernements n'ont rien négligé pour s'assurer les chambres les plus dociles et les plus complaisantes.

Le système que nous combattons n'est pas nouveau, et on ne saurait en attribuer l'invention au régime impérial qui n'a fait que l'appliquer au suffrage universel, mais qui est passé maître, il faut le reconnaître.

Cela a-t-il empêché la chute de ces gouvernements ?

En 1847, M. Guizot ne s'était-il pas assuré la majorité dans les Chambres ?

Que d'enseignements il y aurait à puiser à ce sujet dans l'histoire contemporaine !

Sous la monarchie constitutionnelle les inconvénients de ce système étaient bien moins

considérables que sous le régime impérial.
Les changements de ministère, qui étaient
fréquents, déplaçaient les candidats officiels.
On ne voyait pas cette inamovibilité, dans le
patronage gouvernemental que nous constatons aujourd'hui.

De nos jours, tout change autour des sphères officielles ; les générations se renouvellent,
les aspirations libérales se développent ; seul,
le personnel dirigeant reste stationnaire.

C'est en vain qu'on voudrait frapper le pays
de la même immobilité.

Les candidatures exclusivement gouvernementales ont pour conséquence les candidatures officielles d'opposition.

Les uns doivent toujours dire *oui*; les autres
diront toujours *non*.

Le parti est pris d'avance. Le mandat est
impératif.

Les candidatures qui ont la signification la
plus imposante sont assurément celles qui
appartiennent à l'opposition. On ne peut les
accuser d'avoir exercé une pression sur les
électeurs ; elles ont eu au contraire à lutter
contre toutes les forces de l'administration.

Cette lutte fait des prosélytes; elle passionne ceux qui s'y livrent; les minorités s'organisent dans les catacombes et finissent par envahir l'univers; la persécution les ravive; elles ont leurs apôtres et leurs martyrs.

Il existe dans tous les pays et particulièrement en France des natures fières, indépendantes, indociles; qui s'irritent contre tout ce qui triomphe, qui se redressent contre le succès; elles forment un heureux contraste avec ces caractères qui rampent devant la prospérité, courtisans fidèles de la fortune.

Pour ces esprits, les rangs de la minorité sont préférables; ils s'attribueraient volontiers le rôle de cet esclave qui répétait au vainqueur dans les enivrements du triomphe : « Souviens-toi que tu es mortel. »

Dans un état bien régi, l'opposition est non-seulement utile mais nécessaire.

C'est au pouvoir qu'il appartient de ne pas en grossir les rangs outre mesure, et j'ajouterai que c'est toujours sa faute quand elle gagne du terrain.

Je n'hésite pas à le dire, l'opposition fait chaque jour en France de nouveaux progrès.

Le gouvernement en accusera les anciens partis.

Cette accusation est injuste; c'est à lui seul qu'il doit s'en prendre.

Ce ne sont pas les anciens partis qui ont

lancé le pays dans de lointaines expéditions dont l'issue a été funeste.

Ce ne sont pas les anciens partis qui ont gaspillé bien des trésors.

Ce ne sont pas les anciens partis qui ont usé de mille manœuvres pour influencer le vote de l'électeur ! . . . .

. . . .

Vous avez abusé de l'organisation adminis-trative pour faire triompher vos candidats : l'opposition aura, elle aussi, son organisation pour faire triompher les siens, et ses agents apporteront d'autant plus de zèle a remplir

leur mission qu'ils l'auront volontairement choi-
sie : ils ne diront pas, comme beaucoup de vos
fonctionnaires : Si j'étais libre , je voterais
bien pour le candidat indépendant ; mais je
suis enchaîné par mon emploi.

Que le gouvernement y prenne garde.—
C'est à force d'être battu que l'on apprend à
vaincre.

Déjà les centres des populations lui échap-
pent.

Etudions ce qui s'est passé dans l'Ariége lors des dernières élections :

Dans la ville de Pamiers, le candidat officiel n'a eu que 433 voix et les candidats opposants en ont réuni 1247.

Dans la ville de Foix où les fonctionnaires sont en si grand nombre, où l'honorable M. Denat était personnellement si connu, où son propre fils avait été envoyé en qualité de substitut dans un but facile à deviner, l'administration ne réunit que 596 suffrages, malgré ses efforts inouïs, tandis que l'opposition en obtient 758.

A Lavelanet, l'administration obtient 357 voix, l'opposition 415.

A Tarascon, l'administration compte 120 voix, et l'opposition 253.

Aux Cabannes, l'administration obtient 51 voix, et l'opposition 82

A Varilhes, l'administration n'a que 15 voix, et l'opposition 329.

Sur dix chefs-lieux de canton, en voilà donc six qui donnent une imposante majorité à l'opposition, dans les autres chefs-lieux la victoire a été chèrement disputée.

A Ax, l'administration n'obtient qu'uue majorité de 100 voix

A Saverdun, elle compte 566 voix contre 403 voix données à l'opposition.

L'administration ne remporte de succès véritables qu'à Mirepoix et Quérigut, et on sait dans le pays s'il y a de quoi se rejouir de cette victoire

Dans de simples communes rurales soumises aux rigueurs du régime forestier, nous trouvons des résultats analogues :

A Ascou, le candidat de l'opposition a la majorité; il en est de même à Benac, au Bosc, Brassac, Celles, Freychinet, Ganac, St-Jean de Verges, Serres, Soula, Dreuilhe, St-Jean d'Aygues-Vives, Roquefixade, Rabat, Benagues, Bézac, Carlaret, Escosse, St-Jean de Falga, Lescousse, Crampagna, Dalou, Loubens, Malléon, Larro-

que, Montbel, Peyrat, Dun, Tourtrol, Orlu,
Aston, Aulos, Bouan, Sinsat, Verdun, Cos,
Ornolac, Saint Amans, Tabre.

Enfin en 1863, le candidat officiel était élu
par 20,919 suffrages. En 1868, M. Denat candidat bien autrement préférable, n'a obtenu que
18,644 voix.

Si l'on se rapporte aux conditions de la lutte,
ces chiffres sont bien plus significatifs encore.

Dans la plupart des communes rurales aucune surveillance n'avait été organisée par l'opposition autour des urnes.

La fin prématurée de M Didier avait surpris
tout le monde et l'administration convoquant
les électeurs précipitamment était entrée dans
la lutte avec tous ses avantages. Dans un très

grand nombre de communes où le gouvernement a eu la majorité, la victoire lui a été
très sérieusement disputée, malgré les armes
si inégales des indépendants.

Ne pourrait-on pas combattre l'administration par une organisation basée sur la
sienne ? . . . .

Mais les amis du suffrage universel doivent
repousser les manœuvres déloyales de quelque
côté qu'elles soient pratiquées. Il est de leur

devoir de les signaler et d'en faire justice. Il n'est permis à personne de spéculer sur l'ignorance de l'électeur et de peser de son influence pour obtenir son vote.

Malheureusement, soit pour les partisans du gouvernement, soit pour les partisans de l'opposition, le suffrage universel n'est plus considéré souvent comme l'exercice d'un droit que chaque citoyen doit accomplir dans la plénitude de sa liberté.

C'est une bataille où les surprises et les manœuvres de toute nature paraissent de bon aloi. (1)

(1) Nous avons rencontré nous-même des électeurs tout fiers d'avoir escamoté à des paysans des sacs entiers de bulletins de tous les candidats autres que le leur.

Les armes inégales dont elle dispose, la maladresse de certains administrateurs donnent, à défaut du succès, le beau rôle à l'opposition. Que le gouvernement y songe sérieusement. Voudrait-il voir se réfugier dans les rangs de ses adversaires, tous les amis de la liberté?

L'Empire n'a pas compris qu'une opposition constitutionnelle était nécessaire.

Il n'a pas voulu reconnaître des amis parmi les hommes qui combattent certains actes de sa politique.

En un mot : l'opposition dynastique n'existe pas en France.

Tant qu'elle ne sera pas fondée, la révolution se dressera toujours menaçante et la liberté sera compromise.

Pourquoi ne laisser d'autre chance pour un changement de politique que dans un changement de gouvernement !...

Des Circonscriptions Électorales.

En matière de suffrage universel, il est peu de questions aussi importantes que celle des circonscriptions électorales.

De toute part s'élèvent aujourd'hui, de vives réclamations à leur égard.

Les amis de la libre expression de la volonté nationale doivent donc examiner si c'est à tort ou à raison qu'on accuse les circonscriptions électorales d'être les plus puissants auxiliaires des manœuvres administratives.

L'article 34 de la constitution proclame que l'élection doit être basée sur la population.

Le sénatus-consulte du 25 décembre 1852 a établi qu'il y aurait un député en raison de 35,000 électeurs.

Il a donc fallu diviser la France en raison de 35,000 électeurs et, comme la population varie, les circonscriptions électorales sont remaniées tous les cinq ans, conformément au décret organique du 3 février 1852. .

Aussi, comme on l'a si bien dit; « tous les

cinq ans l'esprit ingénieux du ministre de l'intérieur offre à l'admiration du peuple français, un véritable chef-d'œuvre de géographie politique.»

Nous avons démontré que l'élection avec le système des candidatures gouvernementales est devenue une véritable bataille.

Non contente d'avoir l'armée des fonctionnaires, l'administration fait plus que choisir son terrain, elle le façonne.

C'est elle qui prépare les hauteurs d'où son artillerie foudroiera l'ennemi, c'est elle qui ménage les plis de terrain où elle abritera ses tirailleurs.

5

Heureux général que celui qui peut ainsi se faire un champ de bataille, en étudier tous les secrets et se ménager tant d'avantages !

Un ancien adage dit qu'il faut diviser pour régner, l'administration sait que cette tactique est bonne pour combattre.

Quand il s'agit d'élection, ce système est la règle ; la circonscription électorale le moyen.

Il faut empêcher, autant que possible, les électeurs de se présenter en masse ayant une communauté d'intérêts et pouvant s'entendre pour les défendre.

On réunira, dès lors, dans une même circonscription, ceux que les distances tiennent le plus éloignés, et s'attaquant à l'armée ennemie ainsi morcelée on en aura plus facilement raison.

La circonscription électorale est donc le plus souvent un piége tendu aux électeurs, ce que l'on appellerait en langage militaire, une véritable embuscade.

Qu'on ne nous accuse pas de faire un tableau de fantaisie.— Voici comment s'expriment, à ce sujet, les honorables membres du conseil municipal de Bordeaux, dont l'initiative, en pareille matière, rend service à la France entière:

« En jetant les yeux sur les circonscriptions

nouvelles, on voit immédiatement que l'intérêt de notre cité, intérêt dont nous sommes les gardiens, est méconnu, froissé au plus haut degré par la division même qui enlève au groupe si important des électeurs Bordelais, la faculté de se faire réprésenter directement au Corps législatif.

» Quoi voilà une cité de 200,000 habitants ! elle a des intérêts propres, des charges personnelles, des éléments spéciaux de bien-être et d'activité, en un mot, toutes les conditions d'un grand centre commercial, industriel et maritime à satisfaire, et ce groupe, ce centre si vivement intéressé à élire directement son député, se trouve privé de ce droit par le mode adopté pour la division départementale? mais c'est là une anomalie, une situation dont le pouvoir exécutif n'a pas eu conscience ; il ne peut avoir voulu, en effet, empêcher les Bordelais d'être représentés par un député de leur choix.

Tel serait cependant le résultat du travail des circonscriptions ; notre devoir est de le signaler, il s'agit d'un intérêt bordelais...

... « Bordeaux, cette ville de 200,000 habitants avec un port de premier ordre, ayant ainsi les intérêts les plus complexes ne serait pas représenté ? Ses habitants ne pourraient se concerter pour choisir un mandataire ?

» Les circonscriptions électorales telles que
» les a créées le gouvernement, obligent l'ha-
» bitant du quai des Chartrons de voter avec
» celui de Lesparre et du Verdon.

» L'habitant de la rue Sainte Catherine
» votera avec celui de la Teste et le reste à
» l'avenant.

» C'est évidemment une délimitation fautive
» qui va à l'encontre des besoins de la com-
» mune de Bordeaux..... »

Le système appliqué à la ville de Bordeaux
s'appelle : Noyer les citadins dans les villa-
geois.

Ce procédé a été appliqué :

A Nimes,   divisé en trois circonscriptions.

A Toulouse,   —   en trois   —

Au Mans,   —   en trois   —

A Evreux,   —   en deux   —

A Nancy,   —   en deux   —

A Poitiers,   —   en deux   —

A l'inverse, il est des villes où l'on fait la part du feu. Ainsi les huit cantons de la ville de Lyon sont concentrés dans deux circonscriptions.

« Un autre moyen très efficace aussi, dit M. André Pasquet, consiste dans l'inégalité des circonscriptions.

» En général, les circonscriptions bien pensantes comptent peu d'électeurs. — Il y en a de 23,000 électeurs.

» Les circonscriptions considérées comme hostiles reçoivent beaucoup d'électeurs.

» Si l'on pouvait rejeter tous les opposants de France dans une seule circonscription, ce serait l'idéal du système. La division par département s'y oppose.

C'est vraiment dommage ! »

Les chambres françaises ont retenti de plaintes éloquentes portées à la tribune à ce sujet. Malheureusement elles étaient exprimées devant des députés qui pour la plupart n'avaient dû leurs succès électoraux qu'à de semblables moyens. *Os habent et non loquentur, aures habent et non audient.*

Voici les reproches qui étaient adressés au gouvernement dans la séance du 14 juillet 1868 :

« Vous avez remanié les circonscriptions dans le but de faire passer quelques-uns de vos candidats, et vous l'avez fait non-seulement à Paris, mais partout où vous avez pensé qu'un candidat de l'opposition pouvait remporter la victoire.

» Quelquefois vous avez fait la part du feu. Lorsque vous avez pu craindre que dans une grande ville on fit passer deux ou trois candidats opposants, vous avez fait de cette ville une seule circonscription. C'est ce qui est arrivé à Saint-Etienne.

Cela est également arrivé à Mulhouse ; vous saviez que l'opposition y avait eu la même majorité qu'à Paris : Alors vous avez fait de Mulhouse une seule circonscription pour n'avoir qu'une seule défaite. (Bruit.)

» Ailleurs, à Bordeaux, par exemple, vous saviez que le candidat opposant n'avait eu que 40 voix de minorité et vous avez divisé la ville en trois circonscriptions pour empêcher sa nomination. L'Isère nous a envoyé une pré-

cieuse recrue ; vous ne pensiez pas que l'opposition pût y réussir ; cependant elle a
triomphé et alors vous avez bouleversé toutes
les circonscriptions. C'est ainsi que le gouvernement tient la parole qu'il nous a lui-
même donnée (Réclamations.)

» Je vous citerai votre propre langage, et si
» vous n'avez pas fait cette promesse vous au-
» riez dû la faire, car il est exorbitant que le
» gouvernement puisse changer les circons-
» criptions de façon à ce qu'un député ne
» sache jamais qui il représente. De toutes les
» manœuvres électorales, c'est la pire, et ja-
» mais rien n'a été fait de plus sanglant contre
» le suffrage universel. »

Le ministère ainsi vivement interpellé a protesté de la parfaite droiture de ses intentions, mais n'a rien enlevé de leur force aux paroles que nous venons de citer.

Toutes les nuances de l'opinion sont unanimes à ce sujet.

Je ne saurais mieux compléter ce travail qu'en reproduisant les paroles d'un éminent publiciste, M. Prévost-Paradol.

» On parle sans cesse en France, dit-il, et souvent bien mal à propos, de la séparation des pouvoirs et il est inutile de rappeler quel développement tout nouveau la Constitution de 1852 a donné à ce célèbre principe. Mais en même temps, on trouve tout naturel que ce soit le pouvoir exécutif qui convoque les électeurs, et que ce même pouvoir exécutif ait une latitude de six mois pour choisir le moment où il lui plaira de les convoquer.

Lorsqu'une vacance se produit au sein du Corps législatif, il dépendra donc légalement de l'administration de remplir cette vacance en vingt jours ou de la faire durer six mois; c'est une affaire de goût, de tactique électorale ou de bon plaisir. Ce pouvoir arbitraire laissé à l'administration n'a d'équivalent dans nos lois que le droit plus étrange encore de dessiner à son gré les ciconscriptions électorales, et de remanier tous les cinq ans au mieux de ses intérêts la carte politique du pays. Quand les principes constitutionnels auront fait leur chemin dans les esprits, nous serons bien étonnés d'avoir connu de tels usages. En attendant, ils paraissent tous simples, et l'administration a l'air de revendiquer un droit naturel en jouant ce rôle de modérateur légal d'agent principal dans les élections législatives . . . .

Lorsque c'est l'administration qui est légalement chargée de dire aux citoyens où ils doivent voter, et quand ils doivent voter, il reste une troisième attribution qu'elle prend volontiers à sa charge, c'est de leur dire en même temps comment il faut voter, et nous savons par expérience qu'elle ne s'en fait pas faute. Les deux premières attributions que la loi française a l'imprudence de confier à l'administration lui servent donc de prétexte pour s'emparer de la troisième, ce qui est également contraire à la justice et à l'intérêt public. »

Examinons maintenant les conséquences du système des circonscriptions électorales dans le département de l'Ariége.

Le département de l'Ariége a une superficie de 5,690 kilomètres carrés.

En 1800, sa population était de . . . 191,693 h.

En 1848, elle s'élevait à 270,535

En 1852, elle était descendue au chif-

fre de 267,435

En 1862, le département comptait. . 251,850

Enfin en 1867, le dernier recense-

ment porte 250,436

La population du département de l'Ariége, depuis 1848, a donc décru de 20,099 habitants.

Les 250,436 habitants du département sont répartis dans 440 communes.

L'Ariége est divisée en trois circonscriptions : Foix, Pamiers, Saint-Girons.

L'arrondissement de Foix compte 85,481 habitants, 8 cantons et 140 communes.

L'arrondissement de Pamiers 78,852 habitants, 6 cantons et 114 communes,

L'arrondissement de Saint Girons 86,103 habitants, 6 cantons et 81 communes.

Le département de l'Ariége a été divisé en deux circonscriptions électorales : l'une a pour chef-lieu Foix, l'autre Saint Girons.

En admettant même le système de circonscriptions électorales et la division de notre

6

département en deux circonscriptions, la divi·
sion actuelle a les plus graves inconvénients
et ne saurait être maintenue.

La nature a divisé le département de l'A-
riége en deux parties désignées communément
sous le nom de haute et de basse Ariége : la
plaine et la montagne.

Ces deux parties du département sont com-
plétement distinctes l'une de l'autre ; elles ont
des intérêts toujours différents et souvent opposés.

L'une est la partie pastorale et forestière,
l'autre la partie agricole.

Puisqu'il s'agissait de découper le département pour donner des représentants à ses intérêts, n'aurait-il pas été plus naturel de suivre cette désignation qui saute aux yeux et de grouper l'intérêt de la plaine et l'intérêt de la montagne autour de chacun des deux représentants du pays ?

Au lieu de cette délimitation qui aurait sa raison d'être, on a trouvé plus commode de diviser en deux le département en tirant une ligne partant de la montagne et descendant sur le département de la Haute-Garonne.

Des préfets de passage, se succèdent dans notre département.

Ce sont eux qui auront à former les éléments de la représentation départementale.

Consulteront-ils le pays ? Feront-ils appel aux lumières du conseil général ? Dieu les en garde !

Ils prendront des ciseaux, découperont en deux le département, mettront dans chacune de ces circonscriptions un peu de plaine et un peu de montagne, et puis, quand il s'agira de donner des représentants à ces deux tronçons hétérogènes, on ira à Paris et à Nantes, chercher deux étrangers qui oseront s'appeler les députés de l'Ariége et qui, par le fait, auront déjà reçu durant dix-sept années la consécration d'un certain nombre de réélections ! ! !

Cette division a contre elle le principe de
l'homogénéité des intérêts ; mais, en revanche,
elle est un auxiliaire irrésistible de la prépotence administrative en matière électorale.

Qu'on en juge :

Chaque circonscription s'étend sur une
superficie de 2,845 kilomètres carrés , et la
population s'élève pour chacune, en supposant
les parties égales, à 125,218 habitants dont
environ de 30 à 33,000 électeurs répandus
pour la circonscription de Foix dans 232 communes, et pour la circonscription de Saint-
Girons dans 208 communes.

Ainsi, dans la circonscription de Foix, le
candidat qui ne s'en rapportera pas, pour
être connu, à Monsieur le préfet et à Messieurs

les maires, devra parcourir 252 communes
échelonnées depuis l'Hospitalet, le dernier village de France sur la frontière espagnole, jusqu'à Saint-Quirc, village situé à quelques lieues
de Toulouse ! . . .

Que l'on se fasse une idée, après ces détails, des difficultés incalculables que doit
rencontrer un candidat indépendant !

232 urnes à faire surveiller!!!

Qu'il me soit permis d'évoquer ici quelques souvenirs personnels.

On ne pouvait prévoir dans le département

la fin si prompte de l'infortuné M. Didier. Sa cendre n'était pas encore refroidie que l'administration convoquait les électeurs pour le remplacer en leur donnant pour se préparer les vingt jours réglementaires.

C'était au mois de mai ; nos montagnes étaient encore couvertes de neige, et un canton tout entier était inaccessible : celui de Quérigut.

Que de prodiges d'activité ne faut-il pas accomplir lorsqu'on s'adresse à 232 communes, et qu'on n'a devant soi qu'un délai de 20 jours !

Nous ne possédons pas dans nos montagnes la ressource précieuse du chemin de fer.

Il y a des communes qui sont perdues comme des nids d'aigle au sommet des pics ;

Il y en a qu'il faut aller chercher au fond des ravins.

Quelles difficultés pour une entente ! mais aussi quelle facilité pour faire circuler ces fausses nouvelles, ces allégations mensongères qui ont tant d'influence sur le résultat d'une élection et sur le vote populaire.

Je crois qu'il est du devoir de tout candidat d'être connu de ceux dont il sollicite les suffrages, de se montrer à eux. Je n'ai rien négligé pour cela, et malgré mes efforts, mon activité, mes voyages de jour et quelquefois de nuit, je n'ai pu parcourir le tiers des communes qui devaient voter. Eh bien ! je n'avais pas quitté une localité depuis deux jours, que des gens qui n'é-taient pas venus chercher chez moi des informations s'empressaient de répandre la nouvelle de mon désistement.

Ces braves paysans lisent peu les journaux. On peut donc très difficilememt rectifier de semblables erreurs par la voie de la presse. Pourrait-on pourtant parcourir trois fois par semaine 232 communes ! . . .• . . . .

Ah ! sans doute, tout cela est un bien mince inconvénient pour les candidats sur lesquels s'étend la providence préfectorale.

Ils peuvent sans quitter Paris. recevoir les acclamations et le vote de 232 communes, chacune d'elles étant munie d'un maire, d'un garde champêtre, etc., etc.

Et c'est dans ces conditions que l'administration avait été chercher des étrangers qui,
chaque année, ne résidaient pas quinze jours
dans le pays. Est-ce une représentation vraiment sérieuse ? . . . .

. . . .

.

Nous avons parcouru la liste de tous les Etats de l'Europe chez lesquels est pratiqué le gouvernement représentatif.

Nulle part nous n'avons trouvé une représentation aussi insuffisante qu'en France, sous l'empire de la constitution de 1852, et du sénatus-consnlte du 25 décembre de la même année.

Ainsi dans l'Ariége, pour une population de 250,436 habitants, nous n'avons que deux députés soit un député pour 125,218, habitants.

Chez nos voisins les Espagnols, il y a un dé-

puté à raison de 45,000 habitants (réforme
électorale du 18 juillet 1865).

Dans les Pays-Bas, il y a un député par
45,000 habitants.

Aux Etats-Unis, il y a un député à raison de
40,000 habitants.

En un mot, dans aucun Etat de l'Europe, la
représentation nationale n'est aussi restreinte
qu'en France.

Qu'on en juge par le tableau suivant:

	Population.	Ch. des com.
Angleterre,	25,500,000 h.	658 m.
	Populat.	Députés.
Belgique,	4,548 507 h.	113
Italie,	25,000,000 h.	443
Espagne,	16 000.000 h.	352
Portugal,	4.000,000 h.	129
Suède et Norwège,	5,500,000 h.	111
Danemark,	1.700,000 h.	66
Pays-Bas,	3,700,000 h.	75

Examinons rapidement ce qui s'est passé
dans l'Ariége sous tous les régimes précé-
dents.

Le Couserans et le Comté de Foix, qui devaient composer plus tard le département de
l'Ariége, furent représentés aux Etats Géné-
raux de 1789 par sept députés, dont deux

pour le Clergé, deux pour la Noblesse et trois
pour le Tiers-État, savoir :

COUSERANS.

Clergé.   Dominique DE LASTIC, évêque
de Saint-Lizier ;

Noblesse.   Le Comte de PANETIERS ;

Tiers-Etat.   Le Comte DE CHAMBORS.

COMTÉ DE FOIX.

Clergé.   Bernard FONT, curé de la collé-
giale de Pamiers ;

Noblesse.   Le Marquis d'USSON ;

Tiers-État.   BERGASSE-LAZIROULE, officier
d'artillerie ;

VADIER, conseiller au Pré-
sidial de Pamiers.

L'Assemblée nationale se sépara le 30 septembre 1791, après avoir décrété une Constitution dans laquelle elle confiait le pouvoir législatif à une assemblée de 745 membres, élus par la nation, dont le nombre se répartissait entre les départements au prorata du territoire, de la population et de la contribution de chacun. D'après ces bases l'Ariége dut avoir six représentants qui furent MM.

CALVET-MÉRIC, Jean-Jacques, homme de lettres ;

CAUBÈRE, jurisconsulte ;

CLAUZEL, Jean-Baptiste, maire de Lavelanet ;

FONT, Bernard, curé de Serres ;

GASTON, juge de paix à Foix ;

ILLE, administrateur du département.

Il y avait en outre deux suppléants.

A la Convention nationale, l'Ariége eut pour députés :

CAMPMARTIN, Pierre, de Saint Girons ;

CLAUZEL, ancien membre de l'Assemblée législative ;

ESPERT, ancien membre suppléant de la même assemblée ;

GASTON, ancien membre de la même assemblée ;

LAKANAL, vicaire-général constitutionnel de l'Ariége ;

VADIER, ancien membre des États-Généraux de 1789.

Ce dernier fut exclu le 12 germinal an III

(1er avril 1795). Le Comité des Décrets appela pour le remplacer, Bordes, de Rimont, député suppléant.

Conformément à ses résolutions, la Convention choisit dans son sein les deux tiers des membres qui devaient composer le Corps législatif créé par la Constitution du 5 fructidor an III (20 août 1795). BORDES, CAMPMARTIN, CLAUZEL et LAKANAL réunirent les suffrages de leurs collègues (1) ESTAQUE, de Saint-Girons, fut nommé par les électeurs. (2)

---

(1) Gaston, ancien député de l'Ariége a l'Assemblée législative et à la Convention, fut nommé membre du Corps législatif par les électeurs de St-Domingue.

(2) On sait comment eut lieu, ensuite, la distribution des élus dans les deux Conseils.

Les *Anciens* devaient être âgés de quarante ans accomplis et être mariés ou veufs. Dix années de

7

A la suite de cette opération qui constituait le Corps Législatif pour l'an IV, l'Ariége se trouva représentée, savoir :

domicile précédant l'élection et trente ans d'âge suffisaient pour faire partie du Conseil des *Cinq-Cents*. Il y avait même une exception transitoire à la dernière de ces conditions d'admissibilité.

Le *Moniteur* du 14 brumaire an IV (5 Novembre 1795), contient des détails curieux sur l'application de ces principes.

« A mesure que chaque député est appelé, dit la » feuille officielle, il déclare, conformément à la loi » du 1er vendémiaire, son âge, s'il est marié ou veuf, » et dépose dans un carton un billet contenant cette » déclaration.

« Les secrétaires ayant fait le relevé de ces déclarations, on met dans un vase les noms des députés qui ont plus de quarante ans et sont mariés ou veufs.

» On en tire 167 pour composer les deux tiers du » Conseil des Anciens.

» On fait le même tirage parmi les députés nou-» veaux élus, et 83 sont choisis pour compléter ce » Conseil. »

Au Conseil des Anciens, par CAMPMARTIN et CLAUZEL.

Au Conseil des Cinq-Cents, par BORDES, ESTAQUE et LAKANAL.

Le 20 nivôse an V (9 janvier 1796) la loi fixe la répartition définitive des députés aux Conseils par département.

L'Ariége doit avoir :

Au Conseil des Cinq-Cents, 3 représentants,

Au Conseil des Anciens, 1 —

Il était d'ailleurs stipulé par l'acte Constitutionnel que le Corps Législatif serait renouvelé annuellement, par tiers. En conséquence, le 15 ventôse (5 mars) eut lieu le tirage au sort des députés qui, ayant appartenu à la Convention, devaient sortir les premiers.

Les pouvoirs de LAKANAL durent cesser au
1er prairial an V (20 mai 1797) ; ceux de
BORDES se prolongèrent une année de plus.

Dans l'ordre que déterminaient la Constitution de l'an III et la loi du 20 nivôse an V, les
renouvellements devaient avoir lieu comme il
suit, pour l'Ariége :

An V	— Cinq-Cents 1 Anciens »
An VI	— — $\dot{1}$ — 1
An VII.	— — 1 — »
An VIII.	— — 1 — »

. . . . . , . . . , ...

ainsi de suite jusqu'à l'an XIV, époque avant
laquelle la Constitution ne pouvait pas être
révisée.

Toutefois, et sans enfreindre le principe de

ce terme posé au remaniement possible de l'acte fondamental, diverses circonstances firent modifier, dès le début, le tableau qui précède.

Les élections de l'an V (1797) portèrent VIDALAT, accusateur public près le tribunal criminel du département du Conseil des Cinq-Cents.

CAMPMARTIN ne fut pas remplacé aux Anciens où l'Ariége ne devait avoir qu'un représentant.

Mais, après avoir été reconnues valables, les opérations électorales de l'Ariége en l'an V furent annulées, à la suite du 18 fructidor (4 septembre 1797), et ce département envoya comme députés en germinal an VI.

Au Conseil des Cinq-Cents :

Un membre pour trois ans, en remplacement de BORDES.

Un membre pour deux ans, en remplacement de VIDALAT (*).

Au Conseil des Anciens ;

Un membre pour trois ans, en remplacement de CLAUZEL.

Le scrutin désigna.

Aux Cinq-Cents :

Pour 3 ans, BELLOUGUET, de Saint-Girons, dont l'élection fut annulée ;

(*) Divers renseignements mentionnent M. Cassaing (Eléonore), comme membre du conseil des Cinqcents en l'an VI. Néanmoins, les recherches les plus minutieuses dans les documents officiels, et notamment au *Bulletin des Lois*, où se trouvent les vérifications de pouvoirs, n'ont pu fournir aucune trace de cette élection.

Pour 2 ans, BERGASSE-LAZIROULE, ancien membre des États-Généraux.

Aux Anciens :

Pour 3 ans, Gaston, ancien conventionnel, dont l'élection fut annulée.

En germinal an VII, le corps électoral eut à remplacer.

Aux Cinq-Cents :

ESTAQUE , par un membre pour trois ans ;

BELLOUGUET, par un membre pour deux ans.

Aux Anciens :

GASTON, par un membre pour deux ans.

Le résultat, validé sans exception cette fois, fut :

Aux Cinq-Cents :

BORDES, en remplacement d'Estaque,

CLAUZEL, en remplacement de Bellouguet.

Aux Anciens :

ESTAQUE, membre sortant du Conseil des Cinq-Cents.

Ces citoyens composaient, avec BERGASSE-LAZIROULE, la députation de l'Ariége au Corps Législatif lors de la chùte du Gouvernement Directorial.

BERGASSE-LAZIROULE fut exclu de la représentation nationale le 19 brumaire an VIII (10 novembre 1799).

Par un acte de 4 nivôse (25 décembre) suivant, le Sénat Conservateur désigna, pour faire partie du nouveau Corps Législatif, MM.

BORDES, membre du Conseil des Cinq-Cents:

CLAUZEL, membre du Conseil des Cinq-Cents ;

ESTAQUE, membre du Conseil des Anciens.

Le 27 ventôse an X (16 Février 1802), en déterminant les quatre cinquièmes du Corps Législatif dont les pouvoirs étaient continués, le Sénat maintint seulement M. CLAUZEL, et aucun autre ariégeois ne fut compris dans le cinquième renouvelé le 6 germinal (27 mars).

Un sénatus-consulte du 16 thermidor (4 août) de la même année, fixa à deux le nombre des députés de l'Ariége. Enfin le tableau suivant est extrait d'un acte du Sénat, en date du 14 fructidor an X (1er septembre 1802), relatif à la réélection :

DÉPARTEMENTS	DÉPUTÉS qui doivent sortir en l'an VIII	Députés qui nom. en l'an X ne sor. qu'en l'an XIV	Nombre des Dép. que doit avoir le dépar.	Nombre de Députés à nom. en l'an XII
ARIÉGE	Clauzel	v	2	2

MM. Charly (Etienne) et Sol (Jean-Jacques)
furent nommés députés de l'Ariége le 19 vendémiaire an XII (12 octobre 1803) et un
sénatus-consulte du 22 février 1806 statua
que leur mandat cesserait au 31 décembre
1808.

Par acte du Sénat du 2 mai 1809, MM.
Boyer (Saturnin-Marc) et de Calvet-Madaillan
(Joseph-Thibaut) furent élus membres du
Corps Législatif.

Les pouvoirs de ces députés expiraient le
31 décembre 1813, mais ils furent continués
par suite des événements de 1814 et jusqu'à
l'application des mesures édictées par l'acte
additionnel aux Constitutions de l'Empire (22
avril 1815).

Cette nouvelle loi fondamentale contenait, quant à l'Ariége, les dispositions suivantes :

DÉPARTEMENTS	NOMBRE DE			Total des déput. par départe.
	Arrondis.	Députés à nom. par collége de départe.	Députés à nom. par le collége d'arron.	
ARIÉGE	3	1	3	4

Les voix se portèrent sur MM.

Le Général LAFFITE,　— Collége de département ;

GAUDONVILLE　— Arrondissement de Pamiers ;

VIDAL, avocat,　— Arrondissement de Foix ;

DUPRÉ, Jean Baptiste.　— Arrondissement de St-Girons.

Un des premiers actes de la branche aînée des Bourbons, en reprenant le pouvoir souverain, après la catastrophe de Waterloo, fut de dissoudre la Chambre des Députés nommée dans les Cents Jours, ou plutôt le Gouvernement regarda cette chambre comme non avenue, car, dans le tableau qu'il annexait à la loi électorale du 15 juillet 1815, il portait à 2 le *nombre ancien* des députés de l'Ariége, et c'était, en effet, le nombre antérieur à l'acte additionnel du 22 avril.

Notre département eut trois députés. Les

colléges, réunis le 14 août, portèrent leurs suffrages sur MM. de CALVET-MADAILLAN, FORNIER DE CLAUZELLES et FORNIER DE SAVIGNAC.

En 1816 l'Ariége n'eut plus que deux députés, qui furent MM. de CALVET-MADAILLAN et FORNIER DE CLAUZELLES.

Ces mêmes députés furent réélus en 1819.

En 1820, le nombre des députés de l'Ariége fut reporté à trois. M. d'OUNOUS d'ANDURAND fut envoyé à la Chambre, de sorte qu'à la fin de cette année, la représentation du département se trouvait ainsi composée :

MM. le baron de CALVET-MADAILLAN,

FORNIER DE CLAUZELLES,

D'OUNOUS d'ANDURAND.

L'année 1821 eut deux élections partielles, savoir :

Le 15 mars, par suite du décès de M. de CALVET-MADAILLAN, le collége d'arrondissement de Pamiers nomma M. FALENTIN DE SENTENAC;

Le 20 septembre, par suite de la démission de M. FORNIER DE CLAUZELLES, le collége d'arrondissement de Foix nomma M. LINGUA DE SAINT-BLANQUAT;

Ce nouveau personnel ne subit plus que très-peu de modification. (1)

M. d'OUNOUS d'ANDURAND fut constamment

(1) Nous avons emprunté à l'ouvrage si consciencieux et si complet de M. Videt la plupart de ces renseignements, et leur avons conservé la forme dans laquelle il les a donnés, nous bornant à y ajouter ce que nos propres recherches nous ont fourni, notamment le nombre des électeurs de l'Ariége sous les divers régimes que l'on trouvera aux pages suivantes.

réélu par le collége de département, les 6 mars 1824, 24 novembre 1827 et 3 juillet 1830.

Les élections des colléges d'arrondissement eurent lieu les 25 février 1824, 17 novembre 1827 et 23 juin 1830.

Foix porta constamment ses suffrages sur M. Lingua de Saint-Blanquat.

Pamiers envoya à la Chambre, aux deux premières élections M. Falentin de Sentenac et, le 23 juin 1830, M. le Marquis de Portes.

La Chambre élue les 23 juin — 3 juillet

1830 fut dissoute le 31 mars 1831 et les colléges électoraux furent convoqués pour le 5
juillet suivant.

La nouvelle Charte Constitutionnelle et la
loi du 19 avril 1831 avaient supprimé les colléges de département et établi un collége par
arrondissement de Sous-Préfecture. En sorte
que l'Ariége devait nommer trois députés,
comme précédemment, mais sans la distinction
faite par la loi du 29 juin 1820. C'est d'après
ces bases que ce département se trouva représenté pendant toute la durée du règne de
Louis-Philippe 1er.

Voici le tableau synoptique des dates, du
nombre des électeurs, et du résultat des élections qui ont eu lieu pendant cette période :

DATES DES Elections.	1er COLLÉGE. — PAMIERS.		2e COLLÉGE. — FOIX.		3e COLLÉGE. — ST-GIRONS.		ÉLECTEURS
	Sortants.	Élus.	Sortants.	Elus.	Sortants.	Élus.	
5 juillet 1831	«	Joly.	«	Gl Laffite.	«	J. P. Pagés	357
10 oct. 1832	«	«	Gl Laffite.	C. Anglade.	«	«	709
21 juin 1834	Joly.	Ml Clauzel.	C. Anglade.	Dugabé.	J. P. Pagés.	J. P. Pagés.	693
10 janv. 1835	Ml Clauzel.	F de Sentenac	«	«	«	«	694
19 nov. 1837	F de Sentenac	Ms de Portes	Dugabé.	Dugabé.	J. P. Pagés.	J. P. Pagés.	806
2 mars 1839	Ms de Portes	F de Sentenac	Dugabé.	Dugabé.	J. P. Pagés.	J. P. Pagés.	792
9 juil. 1842	F de Sentenac	F. Darnaud.	Dugabé.	Dugabé.	J. P. Pagés.	Dilhan.	819
1 août 1846	F. Darnaud.	F. Darnaud.	Dugabé.	Dugabé.	Dilhan.	Dilhan.	

8

Les derniers de ces députés restèrent en fonctions jusqu'aux événements de Février 1848.

Le 5 mars 1848, un acte du gouvernement provisoire attribua au département de l'Ariége sept représentants à l'Assemblée nationale et convoqua, pour le 9 avril, les électeurs des cantons. Toutefois, et par suite d'un décret du 25 mars, les élections furent ajournées au 23 avril.

MM. C. ANGLADE, F. ARNAUD, FIRMIN DARNAUD, XAVIER DURRIEU, GALY-CAZALAT, ROUAIX et VIGNES furent proclamés représentants du peuple.

L'Assemblée Constituante se sépara en 1849. Elle fut remplacée par l'Assemblée Législative où l'Ariége eut six membres, savoir : MM. C. ANGLADE , F. ARNAUD , PILHES , PONS-TENDE, ROUAIX et VIGNES.

Les assemblées électorales furent convoquées par décrets du 9 février 1850, à l'effet d'élire un député, en remplcement de M. PILHES, que l'Assemblée Nationale avait déclaré déchu de la qualité de représentant.

M. le général PELET obtint la majorité des suffrages et la représentation de l'Ariége ainsi modifiée subsista jusqu' au 2 décembre 1851.

Par deux décrets des 2 et 3 février 1852, le nombre des députés de l'Ariége au Corps Législatif fut fixé à deux et les circonscriptions comprirent les arrondissements et les cantons ci-après :

1re Circonscription.
- Foix.....
  - Ax.
  - Cabannes (les).
  - Foix.
  - Lavelanet.
  - Quérigut.
  - Tarascon.
- Pamiers....
  - Mirepoix.
  - Pamiers.
  - Saverdun.
  - Varilhes.

2e Circonscription.
- Saint-Girons.
  - Castillon.
  - Massat.
  - Oust.
  - Ste-Croix.
  - St-Girons.
  - St-Lizier.
- Pamiers....
  - Fossat (le).
  - Mas-d'Azil (le).
- Foix.....
  - Bastide-de-Sérou (la)
  - Vicdessos..

Il a été procédé à deux élections générales et à une élection partielle, savoir :

29 FÉVRIER 1852. — ÉLECTION GÉNÉRALE.

1re *Circonscription*.... M. DIDIER (Henry).
2e *Circonscription*.... M. BILLAULT.

30 AOÛT 1854.— Par suite de la promotion de M. BILLAULT, président du Corps législatif et député de l'Ariége, au ministère de l'intérieur élection partielle :

2e *Circonscription*.... M. BUSSON (Henry).

20 JUIN 1857. — ÉLECTION GÉNÉRALE.

1re *Circonscription*.... M. DIDIER (Henry).
2e *Circonscription*.... M. BUSSON (Henry).

(1) Une seconde élection partielle a eu lieu les 16 et 17 mai 1868 M. Henry Didier, décédé, a été remplacé par M. Théodose Denat.

Nous complétons cette partie de notre travail en consignant ci-dessous les résultats du suffrage universel, exprimé dans les trois circonstances mémorables : de l'établissement du premier Empire, de la présidence de la République et de l'élévation au trône impérial de S. M. Napoléon III.

Le recensement des votes sur le plébiscite fondamental de l'Empire, ainsi conçu :

« Le peuple veut l'hérédité de la dignité im-
» périale dans la descendance directe, naturelle
» légitime et adoptive de NAPOLÉON BONA-
» PARTE et dans la descendance directe,
» naturelle et légitime de Joseph BONAPARTE
» et de Louis BONAPARTE, ainsi qu'il est réglé
» par le Sénatus-Consulte du 28 floréal an
» XII. »

eut lieu le 3 brumaire an XIII (25 octobre 1804)
et donna pour notre département les résultats
suivants :

ARRONDISS.	VOTES ÉMIS	AFFIRMAT.	NÉGATIFS.
Foix.........	9745	9741	1
Pamiers......	8069	8068	1
Saint–Girons..	5703	5702	1
Totaux...	23517	23514	3

Au 10 décembre 1848, 45029 suffrages furent exprimés. 38199 se portèrent sur le prince
Louis-Napoléon. Les autres voix étaient répar-
ties, dans la proportion de 4 à 1 sur MM. le général Cavaignac, et Ledru-Rollin. Voici le
détail des voix accordées à Louis-Napoléon
Bonaparte.

ARRONDISSEMENTS	VOTANTS	LOUIS—NAPOLÉON. BONAPARTE.
Foix.............	16151	13521
Pamiers...........	14924	11811
Saint-Girons........	13591	12867
Totaux........	45029	38199

Enfin les 20 et 21 novembre 1852, le Pays fut appelé à faire connaître sa résolution sur le plébiscite ainsi conçu :

« Le peuple veut le rétablissement de la di-
» gnité impériale dans la personne de LOUIS
» NAPOLÉON BONAPARTE, avec hérédité
» dans sa descendance directe, légitime ou
» adoptive et lui donne le droit de régler l'or-
» dre de succession au trône dans la famille
» BONAPARTE ainsi qu'il est dit dans le Séna-

» tus-Consulte de ce jour. » (7 novembre 1852).

Voici le résultat des votes dans le département de l'Ariége.

ARRONDISSEMENT	VOTANTS.	OUI.	NON.
Foix............	23123	22956	167
Pamiers.........	20328	20123	194
Saint-Girons......	22751	22720	31
Totaux.....	66196	65804	392

De tout ce qui précède, il résulte, selon nous, que les circonscriptions électorales sont entachées d'un vice radical.

Cette délimitation politique est inutile ; elle ne peut servir que comme moyen de corrompre la sincérité du suffrage universel.

Cette division arbitraire nous parait devoir disparaitre devant une délimitation qui est entrée dans nos mœurs, qui n'est point soumise au caprice de l'administration ; celle de l'arrondissement.

Nous demanderions donc que la constitution fût modifiée ainsi qu'il suit :

» Il y aura un député par arrondissement.
» Toutes les fois que le nombre des électeurs
» d'un arrondissement dépassera trente cinq

» mille, il y aura un député par fraction de

» dix-sept mille électeurs. »

Cette disposition réaliserait une incontestable amélioration.

La part de l'arbitraire serait supprimée.

Les électeurs et leurs représentants seraient ainsi plus facilement en rapport.

Les intérêts du pays auraient leurs défenseurs vivant au milieu des populations, connaissant leur esprit, leurs habitudes, leurs besoins.

Il en a été ainsi dans le département de l'Ariége de 1815 à 1848.

A la rigueur, avec le suffrage restreint, on

comprendrait que le nombre des députés fût moindre; les électeurs sont alors plus éclairés et il est plus facile au candidat de s'en faire connaître.

Mais, singulière anomalie! C'est lorsque le nombre des électeurs augmente que l'on diminue le nombre des députés.

C'est lorsque les paysans deviennent, par la supériorité du nombre, les arbitres des destinées de la France qu'on éloigne d'eux ceux qui seront appelés à les représenter et que l'on enlève à la majorité d'entre eux la possibilité de les connaître!...

De 1815 à 1848 le nombre des électeurs,

dans le département de l'Ariége a varié entre 400 et 900 ; ils envoyaient trois représentants à la Chambre.

Depuis 1852 le chiffre des électeurs dépasse soixante mille et ils n'ont plus que deux représentants.

Je sais bien que l'on objectera l'inconvénient des chambres trop nombreuses. Cet inconvénient est réel. Mais, entre le trop et le trop peu n'y a-t il pas un juste milieu à observer ?

Nous avons actuellement en France 283 députés.

Il y a loin de ce chiffre à celui de 1,238 dont se composait en 1790 l'Assemblée nationale.

L'Assemblée législative comptait 745 membres.

La Convention 753.

Sous le directoire, les représentants de la nation étaient au nombre de 500.

Il est vrai que sous le premier empire le chiffre des députés descendit à 252.

Mais sous la restauration et le gouvernement de juillet le nombre des députés est de 459.

Enfin sous la seconde république la Chambre compte plus de 700 membres.

Les exigences de la représentation nationale peuvent parfaitement se concilier avec l'avantage de ne pas avoir une assemblée trop nombreuse.

D'après le dernier recensement le nombre des députés s'élève à 290.

D'après le système que nous proposons il serait de 376.

En tenant compte des 20 arrondissements dont se compose Paris et des cinq arrondissements de Lyon il y aurait en France 399 députés pour une population de 39,000,000 d'habitants. (1)

« (1) En 1789, le nombre des représentants du peuple, à l'Assemblée nationale, était de 774 , à raison de 9 députés par département, sans avoir égard au chiffre de la population. De plus, chaque département nommait trois représentants supplémentaires pour parer aux cas de vacances, de maladie ou de mort.

Ce chiffre n'aurait rien d'exagéré ainsi qu'il est facile de s'en convaincre en jetant les yeux sur la composition des assemblées dans les Etats constitutionnels de l'Europe dont nous avons plus haut dressé le tableau.

Chaque représentant recevait un traitement fixe de 18 francs par jour. L'Assemblée nationale coûtait donc 13, 832 francs par jour ; le mois , composé de 24 séances, revenait à 331,968 francs , ce qui mettait la session entière (des sessions de 9 mois !) à 2 millions 987,622 francs à laquelle somme il faut ajouter 51,300 francs pour frais de bureaux ; en tout : 3,038,922 francs

Les membres de la questure touchaient chacun 10,000 fr par session, mais ils étaient obligés d'avoir une voiture, et étaient soumis à certaines dépenses de représentation.

Passons à la Restauration. A cette époque, les députés n'avaient aucun traitement ; le président seul recevait 100,000 fr. par session, en dehors de l'indemnité accordée aux questeurs.

Sous le règne de Louis-Philippe, les députés con-

Nous appelons donc sur cette réforme in-dispensable l'attention de tous les amis du suffrage universel.

Ce sera le moyen d'avoir une représenta-tion nationale vraiment sérieuse et vraiment démocratique.

tinuèrent à n'avoir aucun traitement ; mais de même que sous la Restauration et sous Charles X, le président recevait 10, 000 francs par mois , toujours en dehors des frais de questure.

En 1848, les députés à l'Assemblée nationale étaient au nombre de neuf cents, à raison de 1 député par 40,000 habitants ; ils recevaient chacun un traitement de 25 fr. par jour (qu'on leur a assez reprochés, mon Dieu !), soit 540,000 francs par mois. La session de 1848, qui dura 9 mois (comme celle de 1789 ,) coûta donc 4,860,000 francs auxquels il faut joindre, pour le traitement du président et des questeurs, 15,000 francs par mois, ou 45,000 francs pour la session. Total d'ensemble, 4,905,000 francs (un million et demi de plus que celle de 1789)

Sous le gouvernement actuel, il y a un député par 35,000 électeurs. Un député est accordé à chaque dé-

Il est nécessaire d'affranchir les populations
de ces mots d'ordre électoraux qui font qu'elles
votent pour des inconnus.

Le paysan ne se trompe pas dans son appréciation quand il peut en réunir les éléments.

partement dont le nombre excédant des électeurs dépasse 17,500. Le nombre des députés est de 283.

Depuis le commencement de l'Empire, les députés
au Corps législatif recevaient un traitement de 2,000
francs par mois : mais, l'année dernière, leur traitement a été fixé au chiffre invariable de 12,500 fr.
pour toute la session, quelle que soit sa durée. Le
président reçoit 100,000 fr . plus 30,000 francs pour
frais de représentation.

La session de 1869, qui sera, dit-on, fort courte,
n'en coûtera pas moins 3,536,000 francs. » d'Herbin-
ville, (Gaulois).

Dans notre système d'un député par arrondissement
le nombre des députés s'éleverait à 376, au lieu du
nombre de 283, chiffre actuel.

En conservant le traitement (ou indemnité) accordé
aujourd'hui soit 12,500 par session, il en résulterait
pour le budget une augmentation de 1,162,500. fr.

Il connait très bien ceux en qui il peut avoir confiance — et il a toujours su choisir, quand il a été libre, l'homme le plus capable de défendre ses intérêts, un bon et honnête citoyen.

Total pour la chambre des députés. 4,698,500. fr.

Cette somme est bien voisine de celle que nous coûte le sénat et qui n'a pas paru exorbitante à nos législateurs. Chaque sénateur reçoit 30,000 fr. par an soit pour 150 sénateurs une dotation de 4,500,000. Si le nombre des députés nous parait actuellement hors de proportion avec le chiffre de la population, nous pensons, en revanche, qu'une économie pourrait être réalisée sur le nombre des membres du sénat qui n'est guère sous le régime Impérial qu'un hôtel des Invalides ouvert à toutes les carrières.

Si même la loi du cumul était appliquée à Messieurs les Sénateurs, la France réaliserait une économie qui compenserait dans une large mesure la dépense résultant de l'augmentation du nombre des députés.

Les membres du congrès américain recevaient autrefois huit dollars par jour. On donne aujourd'hui à chacun d'eux 2,500 dollars pour toute la durée de la session annuelle.

Le jour où chaque arrondissement nommera son député, les succès électoraux ne s'obtiendront plus par surprise : ils appartiendront à ceux qui auront su faire rayonner autour d'eux une salutaire et bienfaisante influence.

L'électeur qui aura vécu près du candidat, qui l'aura vu à l'œuvre dans la vie politique comme dans la vie civile, osera dire en toute liberté, parce qu'il le pourra en toute connaissance de cause : Voilà celui auquel je confie le mandat de défendre les intérêts de ma patrie.

Le *Journal de Toulouse* et l'*Époque* ont publié le travail que l'on vient de lire.

Ces deux Journaux ont reçu le *Communiqué* suivant. (1)

Le *Journal de Toulouse* a publié un article relatif aux circonscriptions électorales. L'auteur, s'attachant particulièrement aux circonscriptions de l'Ariége, prétend que la division actuelle ne tient aucun compte de la

(1) Bien loin de faire au gouvernement un reproche d'adresser aux journaux des communiqués, nous trouvons que rien n'est plus libéral ni plus juste.

Le droit de réponse est assuré aux personnes atta-

configuration - géographique du pays. « La
» nature, dit-il, a divisé le département en
» deux parties désignées communément sous
» le nom de haute et basse Ariége, et il eût
» été naturel de grouper autour de chacun
» des représentants, les intérêts souvent
» opposés de la plaine et de la montagne. »

quées ou simplement nommées dans un Journal — Pourquoi l'administration serait-elle privée de ce moyen de légitime défense garanti par nos lois à tous les citoyens ?...

Les communiqués des Sultans de Constantinople consistaient à envoyer le lacet.

A St-Pétersbourg le Journaliste reçoit l'invitation d'aller en Sibérie.

Au Japon il est contraint de s'ouvrir le ventre.

En France même il n'y a pas si longtemps que trois avertissements plus ou moins motivés entraînaient la suppression du journal.

Le Communiqué ne fait de mal qu'à celui qui a tort, ce qui impose au Gouvernement le devoir de n'en user qu'en toute connaissance de cause.

Sans rechercher si les critiques du *Journal de Toulouse* ont pour base une juste et impartiale appréciation des convenances des populations, ou si elles s'inspirent de préoccupations personnelles, il suffira de faire remarquer que la division actuelle du département, qui établit un équilibre parfait entre les forces numériques de chaque circonscription, remonte à 1852 et n'a jamais soulevé de réclamations. Les Préfets qui se sont succédé dans l'Ariége en ont proposé le maintien, en 1862 et en 1867 ; ils ont pensé avec raison, qu'il y avait un intérêt sérieux à maintenir les relations créées entre les électeurs et leurs mandataires. C'est aussi ce qu'a jugé opportun l'administration supérieure, et, en 1867, comme en 1862, elle s'est interdit de modifier un état de choses consacré par l'adhésion des populations et par une pratique de quinze ans.

(Communiqué.)

Nous avons répondu au *Communiqué* que l'on vient de lire, par la lettre suivante : (1)

Monsieur le rédacteur en chef,

Je lis aujourd'hui en tête du *Journal de Toulouse*, à la place que vous consacrez d'ordinaire à la Bourse de Paris, un article signé : *Communiqué*, concernant mon dernier écrit relatif aux circonscriptions électorales en général et

(1) On lit dans le journal l'*Époque* du 17 septembre 1868 : *Le suffrage universel dans le département de l'Ariége.*

Nous avons reproduit la remarquable étude publiée sous ce titre dans le *Journal de Toulouse*. Le 9 septembre un *Communiqué* inséré dans l'*Époque* rectifiait

aux circonscriptions du département de l'Ariége en particulier.

J'en suis flatté et surtout heureux.

Flatté, parce que le *Communiqué* étant anonyme, je puis m'imaginer que c'est le ministre de l'intérieur lui-même qui a daigné prendre la plume pour me répondre.

Heureux, car j'ai acquis la certitude qu'il n'y

certains faits ; mais comme nous ne voulions point intervenir directement dans le débat engagé entre l'administration et l'auteur des articles, M. de Bellissen, nous n'avons relevé dans la communication officielle que quelques considérations d'une application générale. Aujourd'hui, M. de Bellissen nous envoie la lettre suivante qu'il a adressée au *Journal de Toulouse* en réponse à un *Communiqué*. Notre impartialité nous fait un devoir de mettre ce nouveau document sous les yeux de nos lecteurs afin de dégager notre responsabilité.

Ch. GAUMONT.

a rien de sérieux à l'encontre de mes arguments.

Dès le début, le *Communiqué* me fait la gracieuseté de le constater et je lui en suis reconnaissant.

« *Sans rechercher,* dit-il, si les critiques *du Journal de Toulouse* ont pour base une juste et impartiale appréciation des convenances des populations... »

Mais si je ne me trompe c'était pourtant bien cela qu'il fallait *rechercher* tout d'abord.

Ce n'est qu'après avoir réfuté mes arguments qu'on était en droit de dire au *Journal de Toulouse :* Vous le voyez, *la base que nous avons*

prise pour nos circonscriptions c'est la conve-
nance des populations, nous venons de le dé-
montrer. Dès lors en les attaquant vous n'a-
vez été inspiré que par des préoccupations
personnelles.

Un semblable raisonnement aurait eu pour
lui la logique.

Puisqu'il n'en est pas ainsi, je suis plus que
jamais en droit de déclarer que les circonscriptions électorales du département de l'Ariége
sont arbitraires, uniquement combinées en vue
du triomphe préfectoral ;

Qu'il est incompréhensible, par exemple,
que le canton de Vic-Dessos fasse partie de la
circonscription de Saint-Girons, dont il est

séparé par des montagnes inaccessibles, tandis que les débouchés qui y conduisent appartiennent à la circonscription de Foix.

Je suis donc plus que jamais en droit de déclarer que c'est vouloir surprendre les électeurs que de faire votér le canton de Quérigut avec le canton de Saverdun, distants l'un de l'autre de plus de 90 kilomètres.

L'Administration insinue que mon étude sur le suffrage universel est inspirée par une préoccupation personnelle.

Je vais m'empresser de lui donner toute satisfaction.

Que le gouvernement, qui ne me réfute point,

entre résolûment dans la voie que je lui indique ; je serais le premier à l'en féliciter, et, pour peu que cela lui soit agréable, je prends l'engagement de renoncer à toute pensée personnelle de candidature.

Le *Communiqué* ajoute en manière de défense : « *La division actuelle remonte à 1852.* »

Je le sais et je le regrette.

Suffit-il donc, dans la pensée du *Communiqué,* qu'une mesure remonte à 1852 pour qu'elle devienne inattaquable ?

Tout ce qui est né à cette époque serait-il affranchi de la tâche originelle?

Je ne saurais être, à ce sujet, de l'avis du *Communiqué.*

Je vais même jusqu'à penser qu'il est une foule d'institutions qui remontent à 1852 et qui exigent de sérieuses modifications.... Tenez, le *Communiqué* parle de préoccupations personnelles, mais quoi de plus personnel que le gouvernement personnel ?

Il est vrai que celui-ci date ainsi que les circonscriptions électorales de 1852. Je n'ai plus rien à dire.

Continuons :

« La division actuelle n'a jamais soulevé de réclamations. »

Si cela est vrai, j'en suis bien fâché pour l'honneur du département de l'Ariége. J'espère

10

dès lors qu'il me saura gré d'avoir le premier osé signaler d'aussi criants abus « remontant à 1852 et consacrés par le silence des populations et une pratique de quinze ans . »

Mais ici le *Communiqué* est trop aimable et je ne mérite pas autant d'éloges qu'il le croit.

Ce que j'ai écrit je l'ai trouvé dans la bouche des hommes les plus éclairés et les plus considérables du pays.

Le *Communiqué* nous apprend que tel n'a pas été le sentiment « *des préfets qui se sont succédé* dans l'Ariége, et qu'ils ont toujours proposé le maintien du système des circonscriptions que je combats.

De tout ceci j'en suis bien convaincu.

Mais depuis quand MM. les Préfets sont-ils considérés comme les amants du suffrage universel ?. . . . .

. . . .

J'ai démontré que les circonscriptions actuelles rendaient la prépotence administrative irrésistible, et qu'il vaudrait mieux que le préfet nommât le député par un arrêté au lieu de déranger, de tracasser les populations pour les faire voter. Et vous vous étonnez qu'aucun préfet n'ait demandé de changement à un pareil état de choses ?

Je crois lire ceci ;

» Monsieur le préfet de l'Ariége à son Exc. Monsieur le ministre de l'Intérieur.

Monsieur le ministre,

« Telles qu'elles sont organisées par mes prédécesseurs, les circonscriptions électorales empêchent toute entente entre les électeurs. Les intérêts des populations se trouvent divisés, et, grâce à cette division, à cette étendue de pays, à l'éloignement des diverses localités échelonnées sur un espace de 5,690 kilomètres carrés, je puis faire triompher n'importe lequel de vos candidats. »

» Mais il ne saurait être dans les intentions du gouvernement de Sa Majesté de fausser ainsi le suffrage universel. Je crois que l'empire a tout intérêt à connaître le sentiment des populations autrement que par mes rap-

ports. (1) En conséquence, je propose à Votre
Excellence de modifier ainsi qu'il suit les circonscriptions du département de l'Ariége... »

Si tant est qu'il existe beaucoup de lettres de ce genre dans les cartons du ministère de l'intérieur, j'engage vivement le gouvernement à les faire connaître au public par
l'organe des *Communiqués*. Une telle publication les rendrait curieux et intéressants. Nous
ne tarderions peut-être pas à y voir figurer la
dépêche suivante:

(1) « Si quelqu'un est intéressé à cette indépendance
des Electeurs n'est-ce pas le gouvernement, n'est-ce
pas la majorité ! (Très-bien, très-bien) Paroles pronon-
cées par M Rouher au corps législatif dans la séance
du 23 janvier 1869.

» Monsieur le ministre,

» La confiance diminue. (1)

» Le prestige disparaît.

(1) Nous croyons intéressant pour nos lecteurs de leur donner ici le tableau des dividendes semestriels de la Banque de France.

Dividende de Janvier	1864,	85 francs.	
— Juillet	1864,	95	—
— Janvier	1865,	105	—
— Juillet	1865,	78	—
— Janvier	1866,	76	—
— Juillet	1866,	78	—
— Janvier	1867,	76	—
— Juillet	1867,	58	—
— Janvier	1868,	49	—
— Juillet	1868,	45	—
— Janvier	1869,	45	—

(Voir la Cloche du 30 Janvier)

N'avons nous pas, hélas! de bons arguments lorsque nous disons que la confiance diminue ! ! !

Le second Empire a deux ennemis qui lui joueront un mauvais tour : La pression exercée par le Gouvernement en matière de suffrage universel, l'exagération toujours croissante des charges publiques.

Voilà ce qui lui fait plus de tort que tous les partis hostiles, car chacun d'eux est une minorité tandis que

» Le pays est dévoré par un nouveau fléau appelé l'incertitude.

» On ne sait ni ce que veut le pouvoir ni

tous les français sont électeurs, tous les français sont contribuables.

Ce n'est donc point pour obéir à un fol esprit de dénigrement, ni pour nous montrer hostile à la constitution actuelle que nous attaquons cette progression toujours croissante des impôts qui n'ont jamais aussi lourdement pesé sur le pays depuis le commencement du siècle. Nous donnons un tableau que nous communique un propriétaire d'une maison, située à Toulouse, et d'un domaine considérable, situé dans la banlieue de cette ville.

Maison dans Toulouse.

JANVIER	REVENU	CONTRI. FONCI.	PORTES FENÈT.	TOTAL.
1848	904 67	240 30	145 63	385 98
1850	—	240 93	146 20	387 18
1852	—	218 19	146 28	364 52
1854	—	216 68	144 77	361 50
1856	—	241 70	164 25	406 00
1858	—	253 60	172 80	426 45
1861	—	261 73	178 03	439 81
1869	—	284 «	218 04	502 09

où nous allons, et le gouvernement paraît en
savoir là-dessus moins que personne.

» Nos populations, courbées dans l'attente,

Propriété dans la banlieue de Toulouse.

JANVIER	REVENU	CONTRI. FONCI.	PORTES FENÊT.	TOTAL.
1848	2148 23	570 60	11 58	582 23
1850	—	572 12	11 64	583 81
1852	—	518 14	11 64	529 83
1854	—	514 53	11 53	526 11
1856	—	573 94	13 07	587 06
1858	—	602 17	13 75	615 97
1861	2078 23	601 26	32 92	634 23
1869	2228 23	699 60	33 74	733 39

Nous croyons devoir mentionner, en outre, la progression des charges municipales et départementales. Elles
étaient, pour la même propriété de la banlieue, en 1856,
de 146 fr. 75 cent.; elles atteignent, en 1869, la somme
de 324 fr. 83 cent. L'impôt municipal et départemental a
donc presque triplé dans l'espace de treize années.

Le journal *La Gironde* signalait aussi un propriétaire
dont la propriété, en 1848, était grevée avec les 45 cen-
times, d'un impôt de 789 fr. et qui paie aujourd'hui
1,135 fr.

Les publicistes ne doivent-ils pas insister sur l'une des

tiennent leurs regards fixés sur le maître, mais elles ne distinguent pas bien sur sa physionomie, d'ordinaire impassible, s'il sourit à la liberté tandis que ses ministres lui font la moue.

» Que Votre Excellence daigne nous éclairer et me répondre par le télégraphe, car mes

causes qui ont pour effet de grossir le nombre des gens lésés d'une manière grave dans leurs intérêts, mécontents de plus en plus et bien près de devenir hostiles. Pour comprimer leurs plaintes, le pouvoir se croit obligé de violer, sinon la lettre, du moins l'esprit de nos lois électorales.

C'est contre de semblables abus, que nous ne cesserons d'élever la voix.

Le relevé que nous venons de donner ne s'applique qu'à deux des impôts directs. Que serait-ce si nous parlions de l'augmentation des impôts indirects et des octrois ! ! !....

Nous nous proposons d'en faire une étude spéciale ainsi que de l'impôt des patentes. Nous accueillerons avec reconnaissance les documents qui nous seraient transmis à ce sujet.

11

administrés pourraient bien s'impatienter....
vous connaissez la vivacité française... »

Je ne doute pas que la connaissance de semblables écrits donnés au public ne fasse chérir
et respecter l'administration.

On acquerra la certitude qu'elle sert avec
une entière franchise et un loyal désintéres-
sement les intérêts identiques du prince et du
pays.

Que de grands ministres nous aurons lorsque tous les préfets seront de cette force !

Veuillez agréer, monsieur le rédacteur, l'expression de mes sentiments les plus distingués.

CYPRIEN DE BELLISSEN.

APPENDICE.

Le Journal de Toulouse du mercredi , **27** janvier 1869, signale un exemple entre mille de ce qui se passe dans le département de l'Ariége en matière de suffrage universel.

Que nos lecteurs en soient juges.

La lettre que nous mettons sous leurs yeux a été publiée sans que le moindre démenti ait pu être donné aux assertions qu'elle renferme.

On nous écrit de Saurat (Ariége) :

Monsieur le Rédacteur,

Nous étions habitués depuis longtemps aux ré-
clames électorales. Nous connaissions déjà tous les
petits moyens employés par quelques fonctionnaires
de l'ordre administratif, pour assurer une majorité
considérable aux candidats de leur choix. Nous
avions signalé en maintes circonstances les abus ré-
voltants commis par certains maires, qui au lieu d'é-
tablir le scrutin dans un bâtiment municipal, fai-
saient voter dans leurs propres maisons et, grâce à
une entente avec quelques membres de leurs familles et des agents affidés, enveloppaient les électeurs
d'une surveillance telle que leurs votes étaient
connus avant d'être déposés dans l'urne. On avait
vu dans l'Ariége et notamment dans le St-Gironnais
des bulletins de vote déposés au nom d'électeurs qui
se trouvaient en Espagne, mais qui, présents, avait
pensé M. le maire, auraient voté, pour le candidat

officiel. Nous avions entendu parler d'électeurs dont
les noms avaient été émargés sans qu'ils eussent
voté, d'autres qui avaient voté quoique morts ; mais
jamais nous n'avions vu un abus d'autorité aussi
révoltant que celui que nous considérons comme
un devoir de signaler aujourd'hui à l'opinion publique. Il dépasse, à nos yeux, tout ce que nous
avions pu voir jusqu'ici ; il est tel (nous sommes
sincères en nous exprimant ainsi), que nous doutons
de son existence bien qu'il nous ait été affirmé par
des personnes très-honorables qui disent avoir vu
de leurs propres yeux, avoir entendu de leurs propres oreilles.

Qu'on en juge !

C'était dimanche dernier, 17 janvier, jour d'élections municipales à Saurat. La lutte était vive. La
victoire semblait assurée aux candidats non agréables
à M. l'adjoint, qui administre la commune, en attendant que la préfecture ait donné un successeur à
l'ancien maire, récemment nommé juge de paix.

Le scrutin était ouvert. Les électeurs venaient
déposer leurs votes au sortir de la messe. Au moment où la Grand'Rue de Saurat était pleine de
monde, le son de la caisse se fait entendre et on
entend un boulanger, neveu de M. l'adjoint, faire,
en remplacement du crieur public occupé à la
mairie, l'annonce suivante :

« Au nom de l'autorité, M. l'adjoint vous rappelle

les services de jour et de nuit qu'il vous a rendus ;
il est toujours disposé à vous être agréable : il vous
prie d'aller voter pour le candidat de son choix. Vidal
Laffont, aubergiste, vous donnera le vin à un sou
meilleur marché, mais pour aujourd'hui seulement,
et moi, je donne dix marques de pain. »

En entendant cette singulière publication, quelques citoyens honnêtes ne peuvent contenir leur
indignation : ils interpellent le crieur public impro-
visé : « Ma foi, répond celui-ci, je fais ce qu'on
me commande. » Et il continue sa marche, il arrive
devant la salle du scrutin où il recommence sa publication. Un membre du bureau ne peut en croire
ses oreilles ; il interpelle M. l'adjoint : « Entendez-
vous, monsieur l'adjoint ! Comment pouvez-vous
tolérer de pareilles choses ? Est-ce vous qui l'avez
ordonné ? » — « Oui, monsieur, répond sans se
déconcerter le fonctionnaire, c'est moi qui l'ai ordonné. »

Cette annonce faite par le neveu de l'adjont, au
son de la caisse municipale, n'a pas besoin de com-
mentaires. Ou elle est vraie, ou elle ne l'est pas. Si
nous avons été trompés, nous attendons les explica-
tions de l'administration et nous nous empresserons
de rectifier. Si elle est vraie, nous n'avons pas besoin
d'indiquer à M. préfet de l'Ariége ce qu'il a à faire.
M. Armand Pihorel est depuis très-peu de temps
parmi nous, mais ce peu de temps a suffi pour nous

faire apprécier la droiture et la loyauté de son carac-
tère. Il ne tolérera pas à coup sûr, de la part d'un
fonctionnaire, une telle atteinte à la liberté et à la
moralité du suffrage universel. Ces faits ont été,
nous assure-t-on, portés à la connaissance de ce
magistrat par un rapport officiel de M. le commissaire de police de Tarascon ; ils sont du reste con-
signés dans une protestation déposée à la préfecture
et dont récépissé a été donné.

Nous attendons ou une rectification ou la révo-
cation de M. l'adjoint au maire de Saurat.

Voici le résultat du scrutin :

MM. Laffont (Joséphin), candidat agréable . . 479
    Péricat, docteur-médecin, candidat non
      agréable. 436
    Sans, candidat non agréable 435
    Majorité en faveur du candidat de M. l'ad-
      joint. 34

En présence d'une si faible majorité, obtenue par
de tels moyens, le conseil de préfecture de l'Ariége
n'hésitera pas, nous l'espérons, à annuler les élections du 17 janvier.

OUGLA.

TOULOUSE, TYP. PH. MONTAUBIN, PETITE RUE SAINT-ROME, 1.

www.ingramcontent.com/pod-product-compliance
Lightning Source LLC
Chambersburg PA
CBHW071225290326
41931CB00037B/1965